어린이 바둑

왕초보 편

전원바둑연구실 지음

전원문화사

어린이 바둑 [왕 초보 ㉿]

2016년 8월 20일 2판 1쇄 발행

지은이 * 전원바둑연구실
펴낸이 * 남병덕
펴낸곳 * 전원문화사

07689 서울시 강서구 화곡로 43가길 30. 2층
T.02) 6735-2100 F.6735-2103
E-mail * jwonbook@naver.com
등록 * 1999년 11월 16일 제 1999-053호

ⓒ 2001, by jeon-won Publishing Co.
이 책의 내용은 저작권법에 따라 보호받고 있습니다.

잘못된 책은 바꾸어 드립니다.

**** 머리말 ****

첨단 과학문명 속에 살고 있는 현대인들에게 조기교육의 중요성은 점점 크게 느껴지고 있습니다. 이러한 조기교육의 일환으로 자녀들에게 바둑을 가르치고자 하는 분들이 부쩍 늘고 있습니다.

바둑은 어린이들이 쉽게 흥미를 가지고 열중할 수도 있고 집중력, 사고력, 창의력, 인내력 등 사람이 갖추어야 할 많은 덕목들을 배울 수 있다는 측면에서 효용가치가 인정된 결과인 듯싶습니다.

그런데 막상 어린이들에게 바둑을 가르치려고 할 때에 현실적인 문제점에 **부딪**히게 됩니다. 시간적으로나 경제적으로 큰 부담이 없어서 바둑 전문학원에 보낼 수 있다면 그나마 다행이지만 현실적으로 그게 여의치 않기 때문입니다. 그래서 찾게 되는 것이 서점에 꽂혀 있는 바둑책입니다. 그런데 여기에서 직면하게 되는 또 다른 문제점은 어떤 책을 선택해야 하는지 구별하기가 쉽지 않다는 것입니다.

많은 바둑책을 엮어낸 저자의 입장에서 본다면 좋은 교재의 첫째 가는 조건은 체계적이어야 한다는 것입니다. 학습 내용을 무분별하게 나열하기보다는 바둑의 기본 원리를 쉽게 이해할 수 있도록 체계적으로 잘 정리되어 있을 때 보다 큰 학습 효과를 볼 수 있기 때문입니다.

이 책은 그러한 관점에서 볼 때 어린이들이 체계적으로 바둑을 배울 수 있도록 배려했다는 점이 큰 장점입니다. 단순히 암기만을 강요하고 있는 기존의 학습 방법에서 벗어나 스스로 이론을 터득할 수 있도록 내용을 구성했기에 어린이들이 실력을 향상시키는 데 큰 도움을 줄 수 있으리라 기대됩니다.

끝으로 이 책이 나오기까지 도움을 주신 김철영 사장님과 편집국 식구 여러분께 감사의 마음을 전합니다.

20001년 2월 전원바둑연구실

차 례

제 1 장 활로를 알면 바둑이 쉽다

1. 활로의 개념

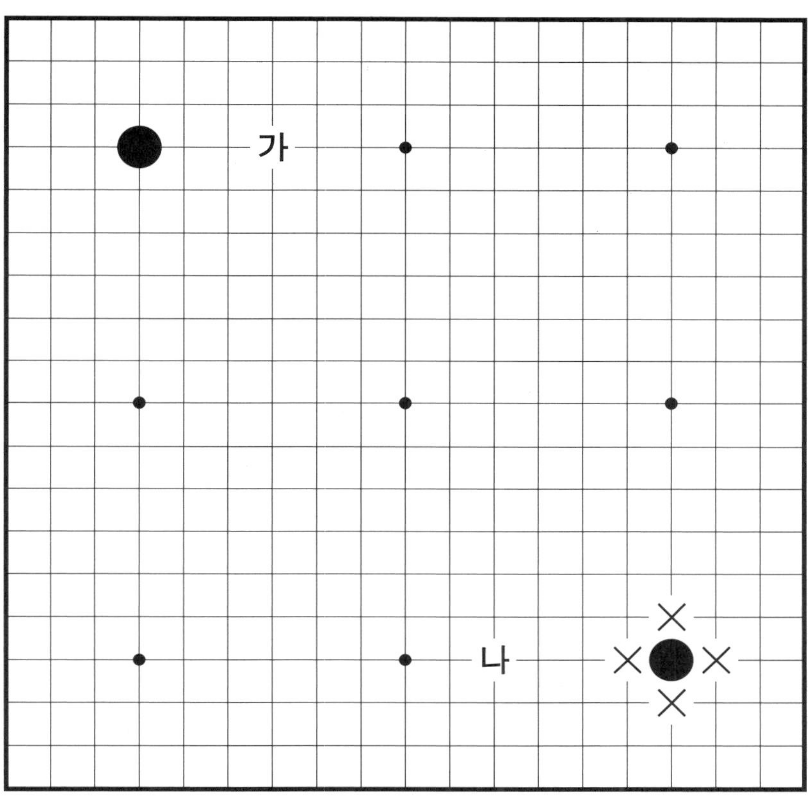

(그림 1) 활로란 무엇인가?

가 : 바둑판 위에 놓인 모든 바둑돌들은 활로를 가지고 있다. 이 활로의 개념을 아는 것이야말로 바둑을 이해하는 데 매우 중요하다.

나 : 흑 한 점은 ×로 표시한 4개의 활로를 가지고 있다. 활로를 쉽게 얘기하면 바둑돌이 살 수 있는 살아 숨쉴 수 있는 호흡점이라고 할 수 있다.

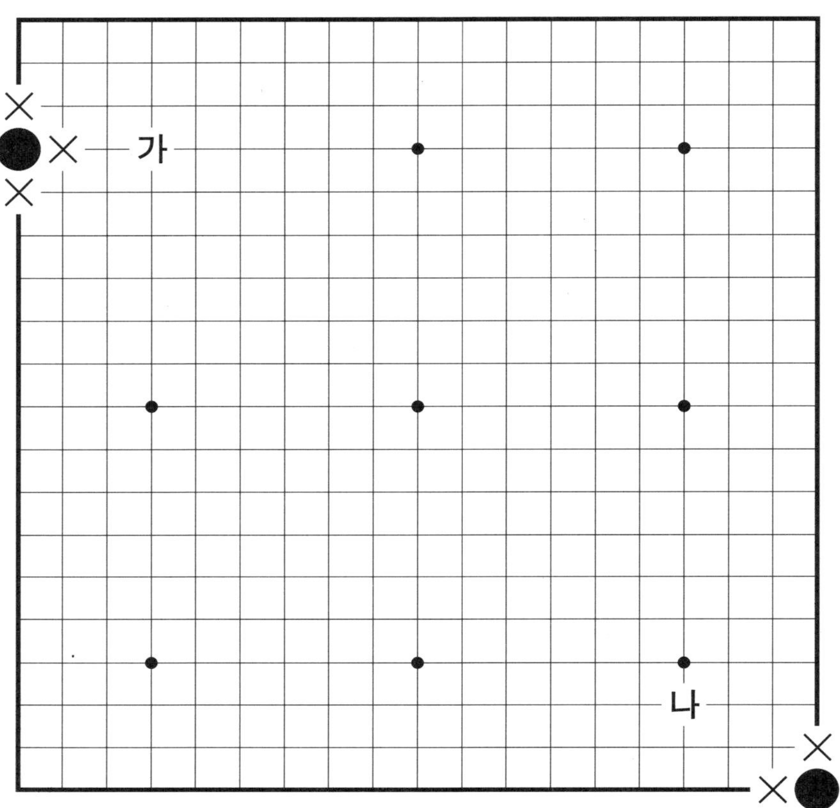

(그림 2) 1선 돌의 활로

가 : 모든 바둑돌이 4개의 활로를 가지고 있는 것은 아니다. 바둑판은 가로와 세로 모두 19줄로 구성되어 있는데, 이처럼 바둑판의 맨 끝 가장자리에 놓인 바둑돌은 ×로 표시한 3개의 활로밖에 없다.

나 : 이처럼 가장자리의 구석에 놓인 바둑돌은 고작 ×로 표시한 2개의 활로밖에는 없다. 활로가 적다는 것은 그만큼 죽을 가능성이 높다는 것이다.

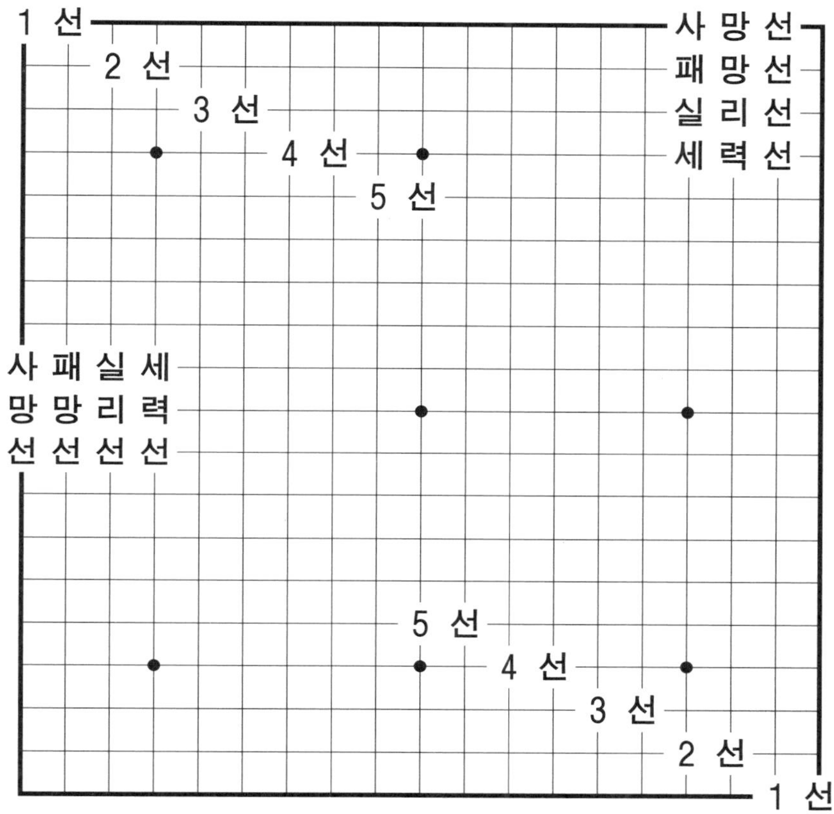

(그림 3) 1선, 2선, 3선, 4선의 특성

활로를 통해 알 수 있듯이 가장자리에 돌이 놓일수록 좋지 않은것을 알 수 있다. 그런 의미에서 1선, 2선, 3선, 4선은(6선부터는 특별하게 명칭을 부여하지 않음) 각각 고유한 특성을 지니고 있는데, 그것은 다음과 같다.

1선: 사망선 - 말 그대로 죽음의 선이라는 뜻이다.

2선: 패망선 - 패망하기 좋은 선이라는 뜻으로 역시 좋지 않다.

3선: 실리선 - 바둑의 궁극적인 목적인 집을 차지하기에 좋은 선이라는 뜻이다.

4선: 세력선 - 3선과 더불어 바둑을 두는 초반 단계에 가장 많이 두어지는 선이다.

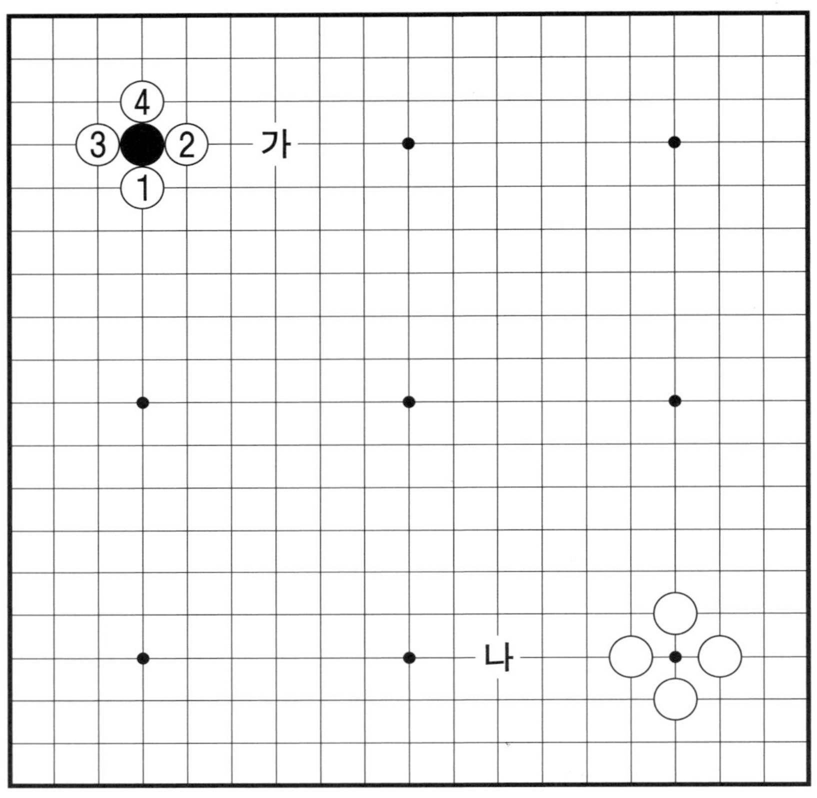

(그림 4) 활로가 모두 막히면 죽는다

가 : 바둑판 위에 놓인 흑 한 점의 활로가 백①부터 ④까지의 진행에서 보듯이 백에게 모두 막힌 모습이다. 그러나 바둑은 흑과 백이 번갈아 가며 두는 게임이기 때문에 이처럼 일방적으로 진행되기는 쉽지 않다.

나 : 백에게 활로가 모두 막힌 흑돌은 생명력을 잃고 바둑판 위에서 들어내게 된다. 이것을 '죽음' 또는 '빵따냄'이라고 표현한다.

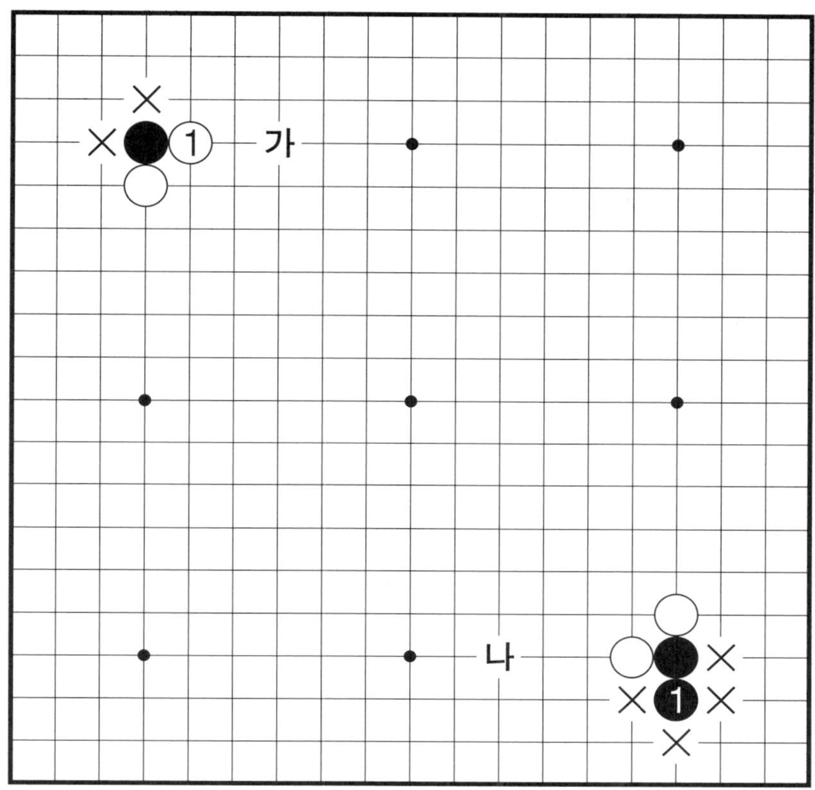

(그림 5) 활로를 넓히는 요령

가 : 바둑은 일방적으로 혼자서 둘 수 없다고 얘기했다. 백①로 두었을 때 흑의 활로는 ×로 표시한 2개의 활로로 줄어들었다. 그렇다면 흑은 백에게 잡히기 전에 활로를 넓히는 방법을 연구해야 한다.

나 : 흑❶로 두면 흑 두 점은 ×로 표시한 4개의 활로로 늘어났다는 것을 알 수 있다. 흑❶처럼 두는 것을 바둑 용어로 '뻗음' 이라고 한다. 뻗음은 활로를 넓힐 수 있는 좋은 방법임을 기억해 두자.

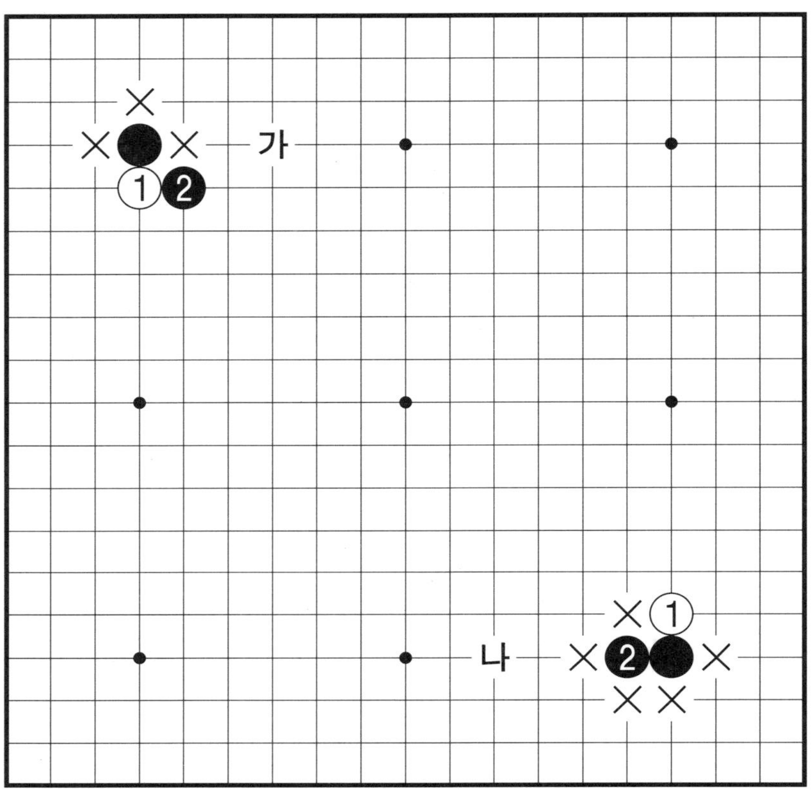

(그림 6) 공격과 방어

가 : 백이 ①로 두었을 때 흑은 ❷처럼 두어 백의 활로를 막을 수도 있다. 흑 한 점은 ×로 표시한 3개의 활로를 갖고 있는 데 비해 백 한 점은 2개의 활로밖에 없다. 흑❷는 공격적인 수로 바둑 용어로는 '젖힘' 이라고 한다.

나 : 백① 때 흑은 ❷처럼 뻗어서 둘 수도 있다. 흑❷는 공격적이라고 하기보다는 수비를 위주로 하는 수단이다. 흑 두 점은 모두 ×로 표시한 5개의 활로로 늘어났다. 그러나 흑은 이처럼 두기보다는 (가)의 형태처럼 공격적으로 두는 것이 유리하다.

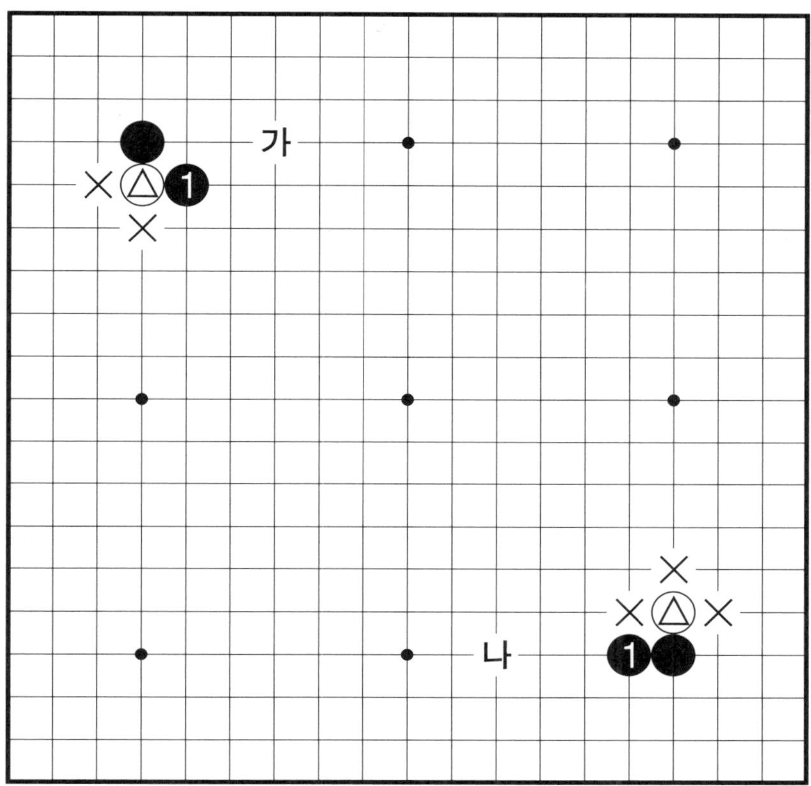

(그림 7) 돌의 강약 관계

가 : 이와 같은 경우에도 흑은 ❶로 두어서 백 한 점의 활로를 막아야 한다. 백◬ 한 점은 ×로 표시한 2개의 활로를 갖게 되었다.

나 : 흑❶로 두는 것은 수비를 위주로 한 수단으로 자신의 활로를 넓히는 수이다. 백◬ 한 점은 ×로 표시한 3개의 활로를 갖고 있는 모습이다.

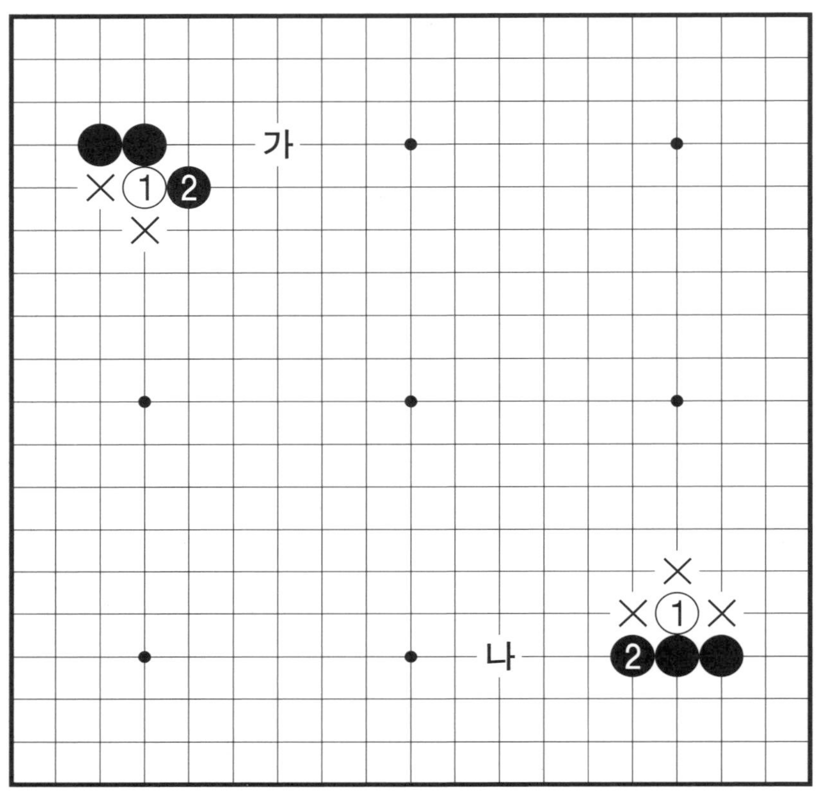

(그림 8) 강하게 두는 것이 옳다

가 : 백① 때 흑은 자신의 돌이 강한 만큼 ❷처럼 강하게 두어서 백의 활로를 막는 것이 좋다. 백 한 점은 ×로 표시한 2개의 활로를 갖고 있는 모습이다.

나 : 백① 때 흑❷로 두는 것은 이 경우 찬성할 수 없다. 백 한 점은 여전히 ×로 표시한 3개의 활로 그대로이다.

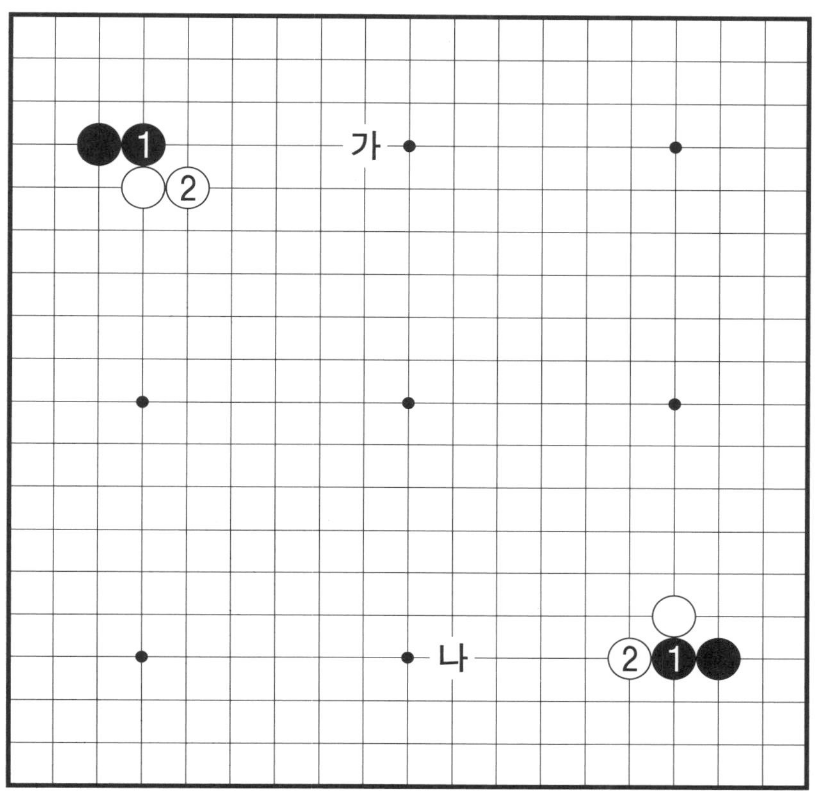

(그림 9) 수비가 정수

가 : 흑❶로 두었을 때 백보다는 흑이 강한 모습이다. 이때는 백 ②처럼 수비를 위주로 해서 활로를 넓혀야 한다.

나 : 흑❶ 때 백②로 두는 것은 이 경우 좋지 않다. 그 이유는 다음 그림 10의 (나)의 형태에서 살펴본다.

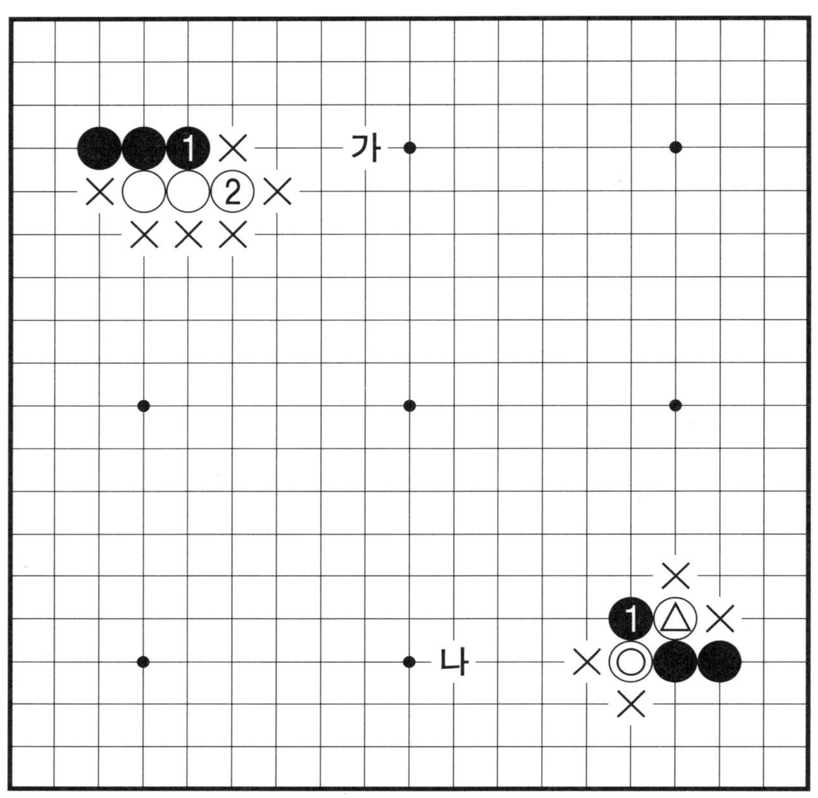

(그림 10) 돌의 강약 관계

가 : 흑이 ❶로 둔다면 역시 백은 ②로 뻗어서 두어야 한다. 상대가 강할 경우 이처럼 수비를 하는 것이 올바르다. 이후 백 석 점은 ×로 표시한 6개의 활로를 갖고 있는 모습이다.

나 : 그림 9의 (나)에서 백이 나쁜 이유는 흑❶로 두었을 때 백이 불리하기 때문이다. 흑❶처럼 두는 수를 바둑 용어로 '끊음'이라고 한다. 흑❶로 끊는 순간 백△ 한 점과 백◎ 한 점은 각각 2개의 활로밖에 없는 모습이라 매우 약해졌다.

활로의 개수는?

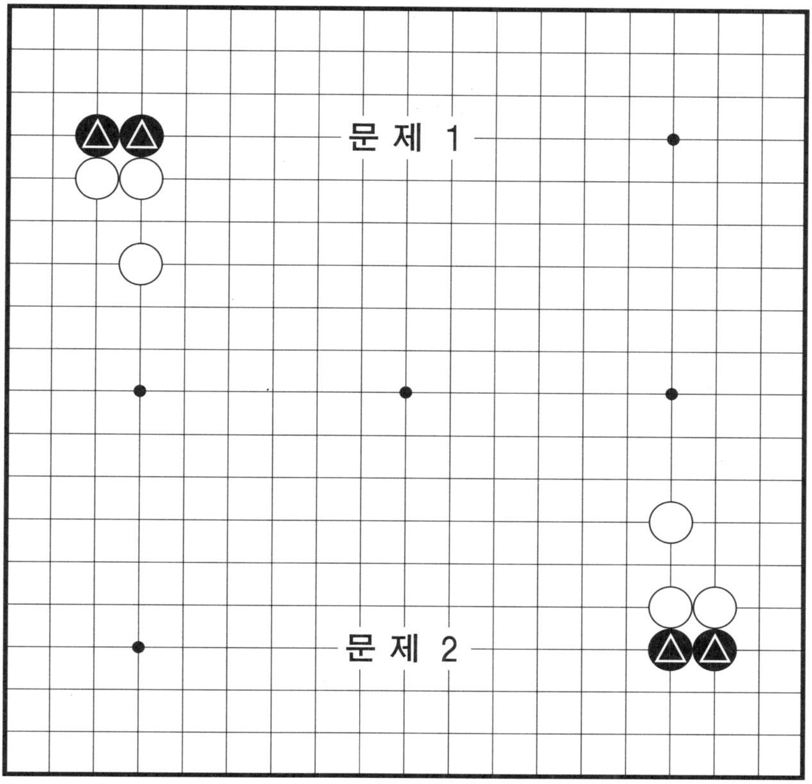

흑▲ 두 점은 모두 몇 개의 활로를 가지고 있을까?

활로를 넓히는 방법은?

흑▲ 두 점의 활로를 최대한 넓히는 방법은 무엇일까?

해답 1

해답 2

해답 1

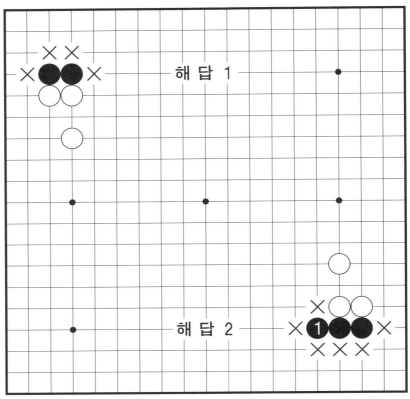

흑 두 점은 ×로 표시한 4개의 활로를 가지고 있다.

해답 2

흑❶로 두는 것이 활로를 최대한 넓히는 방법이다. 이제 흑 석 점은 ×로 표시한 6개의 활로를 가지고 있는 모습이다.

문제 3 공격적인 응수법은?

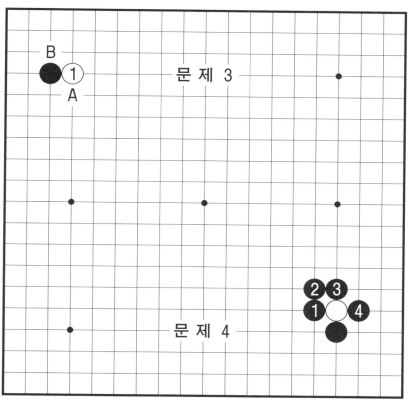

백이 ①로 두어서 흑의 활로를 막았을 때 흑은 A 혹은 B 중 어떻게 두는 것이 공격적인 수단일까?

문제 4 활로와 무관한 수는?

흑이 ❶부터 ❹까지 두어서 백 한 점을 잡은 모습이다. 이 과정에서 백돌의 활로와 무관한 수는 몇 번일까?

해답 3, 4

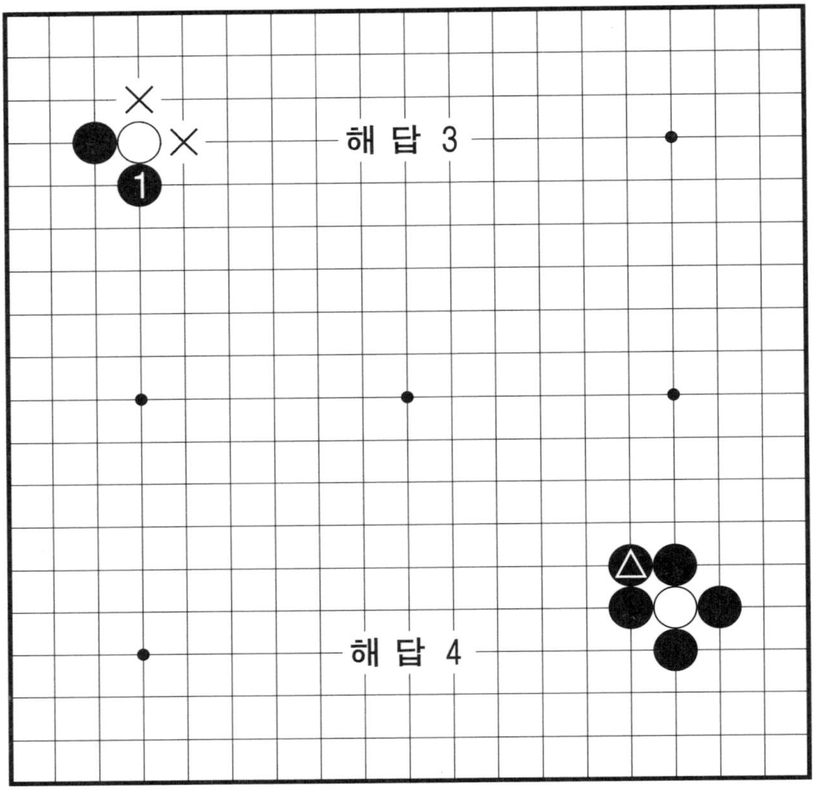

해답 3

흑❶로 두는 것이 백△ 한 점의 활로를 막는 공격적인 수이다. 백 한 점은 ×로 표시한 2개의 활로를 갖고 있는 모습이다.

흑▲ 한 점이 백돌의 활로와 상관없는 점이다.

문제 5

문제 6

A B

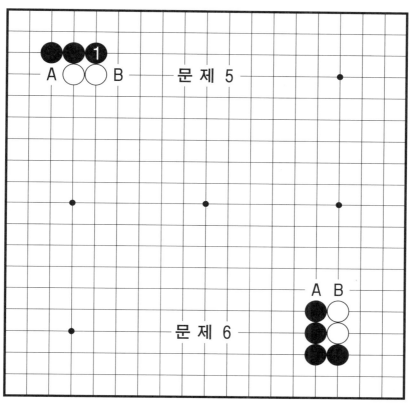

문제 5 활로를 넓히는 방법은?

흑이 ❶로 두었을 때 백이 두 점의 활로를 최대한 넓히는 방법은 무엇일까(A와 B 중 선택)?

문제 6 갈림길

백은 A의 곳에 두어 공격적으로 두는 것과 B에 두어 자신의 안정을 도모하는 방법 중 어느 것이 올바를까?

A ① 해답 5

① 해답 6

해답 5

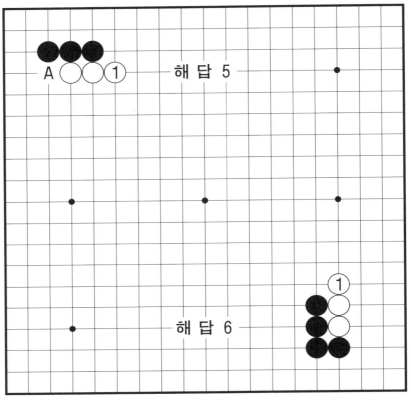

백①로 두는 것이 자신의 활로를 넓히는 적절한 방법이다. 백①로 A의 곳에 두었을 때와 비교해 보면 백돌의 활로가 1개 더 많다.

해답 6

상대적으로 흑돌이 강한 만큼 백은 ①로 두어서 수비 위주로 나가는 것이 올바르다.

문제 7 올바른 응수법은?

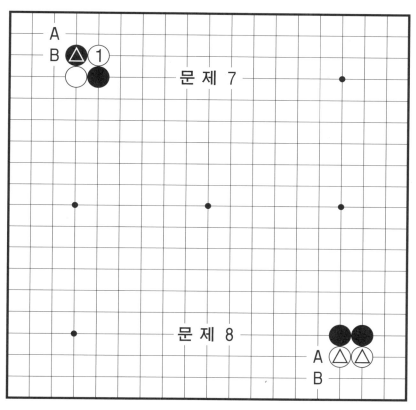

백이 ①로 두어서 공격적으로 나온 모습이다. 흑▲ 한 점의 활로를 넓히고자 한다면 A와 B 중 어느 곳이 올바를까?

문제 8 공격의 요령은?

백△ 두 점의 활로를 막아서 공격하고 싶다. A와 B 중 어느 곳이 적절한 공격법일까?

해답 7, 8

문제 7

문제 8

A

해답 7

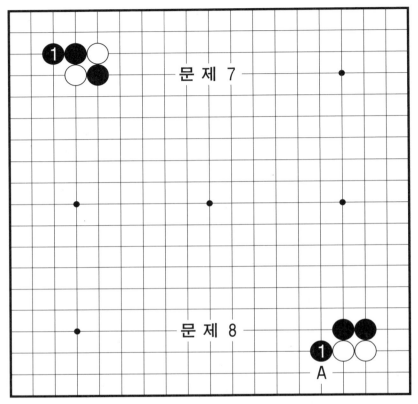

흑❶로 뻗는 것이 활로를 넓히는 올바른 요령이다.

해답 8

흑❶로 두는 것이 백 두 점의 활로를 막는 올바른 공격법이다. 흑이 A의 곳에 두는 것은 백의 활로와 상관없는 곳이다.

문제 9

문제 1 0

문제 9 활로를 넓히려면?

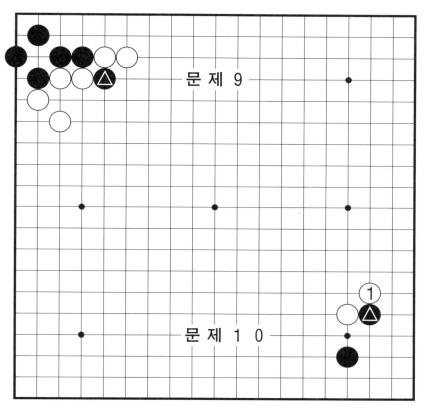

흑▲ 한 점의 활로를 최대한 넓히고자 한다. 어떻게 두는 것이 최선일까?

문제 10 올바른 응수법은?

백이 ①로 둔 장면이다. 흑▲ 한 점의 활로를 넓히려고 한다면 어떻게 두어야 할까?

해 답 9

해 답 1 0

해답 9

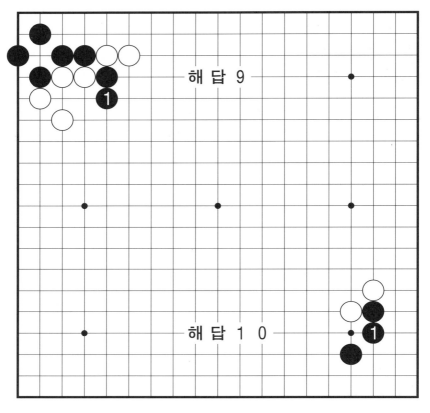

흑❶로 뻗는 것이 좋은 수이다. 이제 흑 두 점은 4개의 활로를 갖게 되어 쉽게 잡히지 않는다.

해답 10

흑❶로 두는 것이 올바르다. 흑❶로 두는 순간 흑돌은 매우 튼튼한 형태가 되었다.

2. 둘 수 있는 곳과 없는 곳

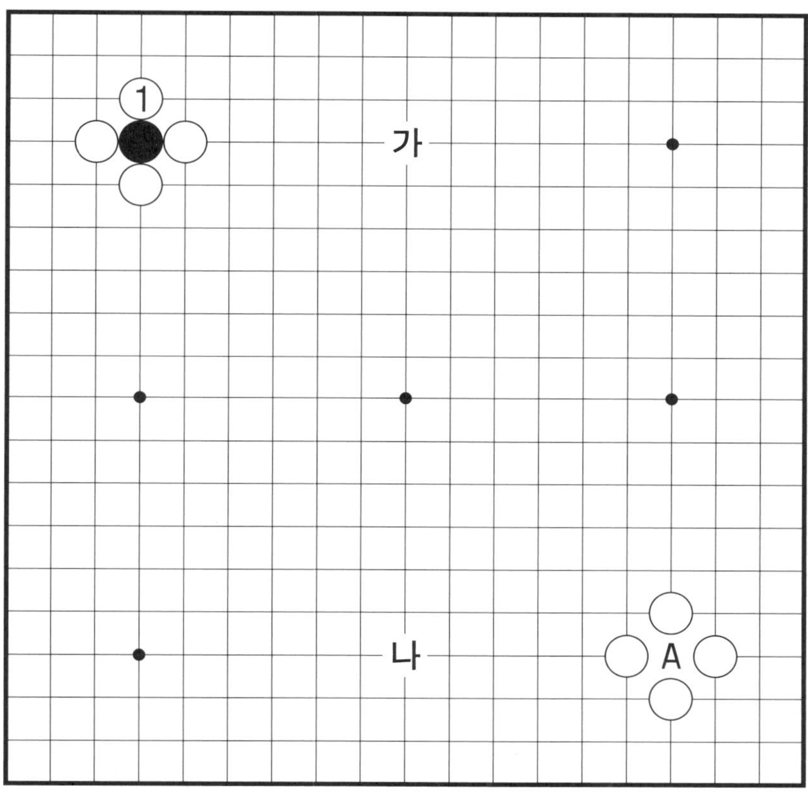

(그림 1) 둘 수 없는 곳

가 : 활로가 모두 막히면 바둑판 위에서 생명력을 잃고 들어내게 된다고 설명했다. 백①로 두면 흑 한 점은 활로가 모두 막혔으므로 백에게 잡히게 된다.

나 : 백이 흑 한 점을 따낸 후 A의 곳은 활로가 1개도 없는 곳이므로 흑의 입장에선 둘 수 없는 곳으로 변한다. 이와 같은 곳을 바둑 용어로 '착수 금지구역'이라고 표현한다.

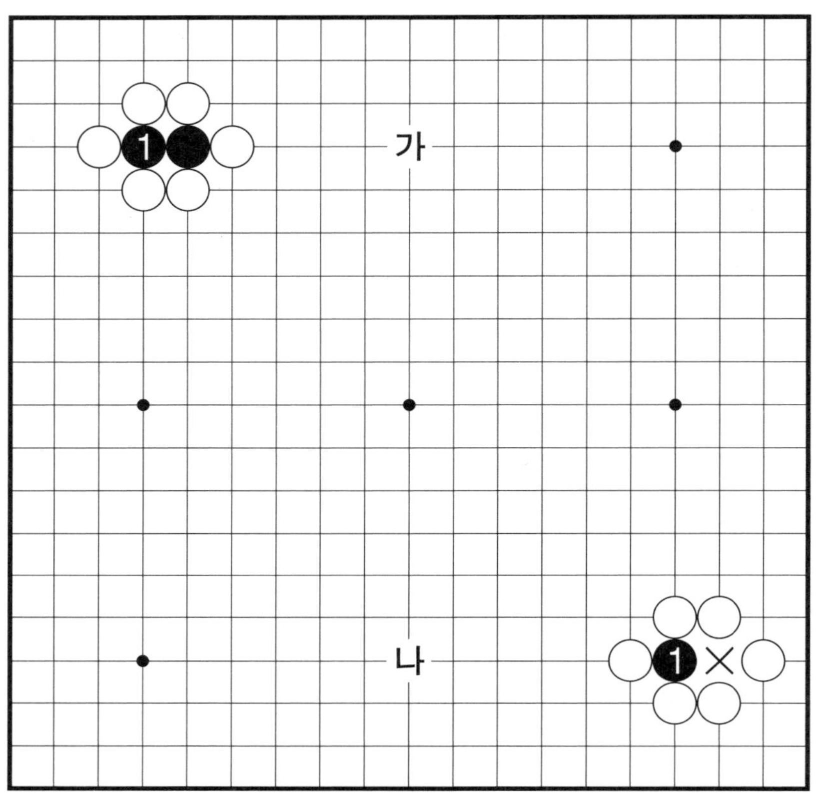

(그림 2) 둘 수 없는 곳과 가능한 곳

가 : 흑❶의 곳은 활로가 1개도 없는 곳이므로 흑이 착점할 수 없다. 흑이 이 곳에 두는 것은 바둑의 기본 규칙상 반칙 행위에 해당한다.

나 : 반면 흑❶은 둘 수 있는 곳이다. 왜냐하면 ×로 표시한 1개의 활로를 갖고 있기 때문이다. 그러나 백이 ×의 곳에 두면 흑 한 점이 잡히므로 자살 행위나 다름없다.

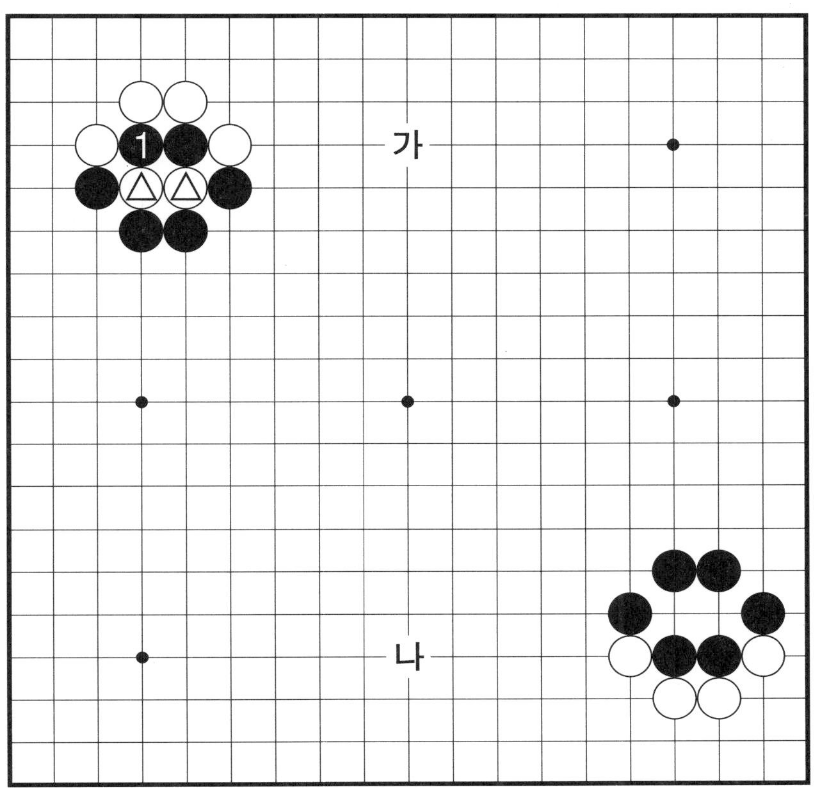

(그림 3) 착수 금지 해제

가 : 활로가 1개도 없는 곳이라도 착수 가능하게 되는 경우가 있다. 흑❶은 활로가 1개도 없는 곳이지만 백△ 두 점을 따낼 수 있는 경우라면 착수 가능한 곳으로 변하게 된다. 이를 바둑 용어로 '착수 금지 해제'라고 표현한다.

나 : 흑이 백 두 점을 따낸 이후의 형태이다. 백 두 점은 바둑판 위에서 생명력을 잃어버리고 말았다.

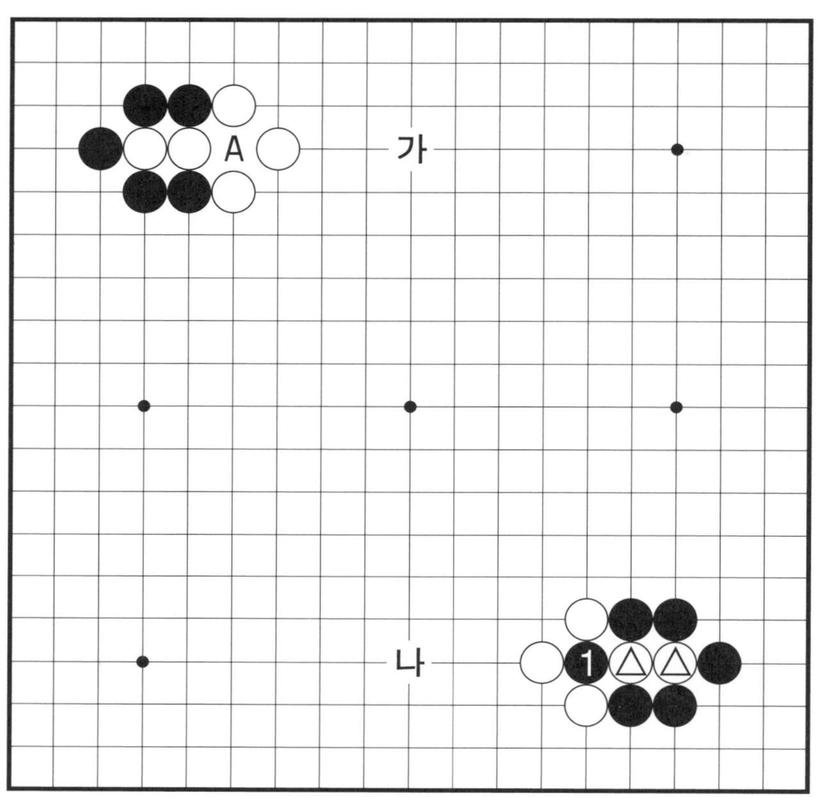

(그림 4) 착수 가능 여부

가 : 이와 같은 경우 흑이 A에 두는 것이 가능한지 아니면 불가능한지 살펴보기로 한다.

나 : 흑은 ❶로 둠과 동시에 백◬ 두 점을 따낼 수 있으므로 착수 가능한 곳이다.

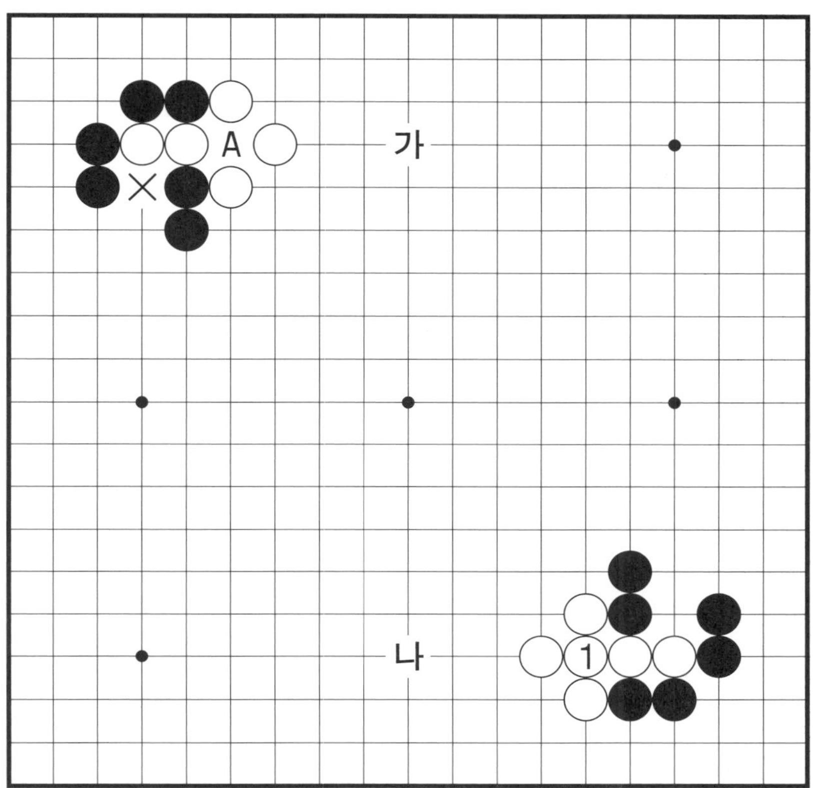

(그림 5) 흑은 착수 불가능

가 : 흑은 ×의 곳이 하나 비어 있는 관계로 A의 곳에 둘 수 없다. 결국 A의 곳은 착수 불가능 구역이다.

나 : 백의 입장에서는 자신의 활로를 메우는 관계로 1의 곳에 둘 수 있다. 그러나 백①과 같은 수는 스스로 자신의 활로를 메우고 있으므로 좋지 않을 가능성이 크다.

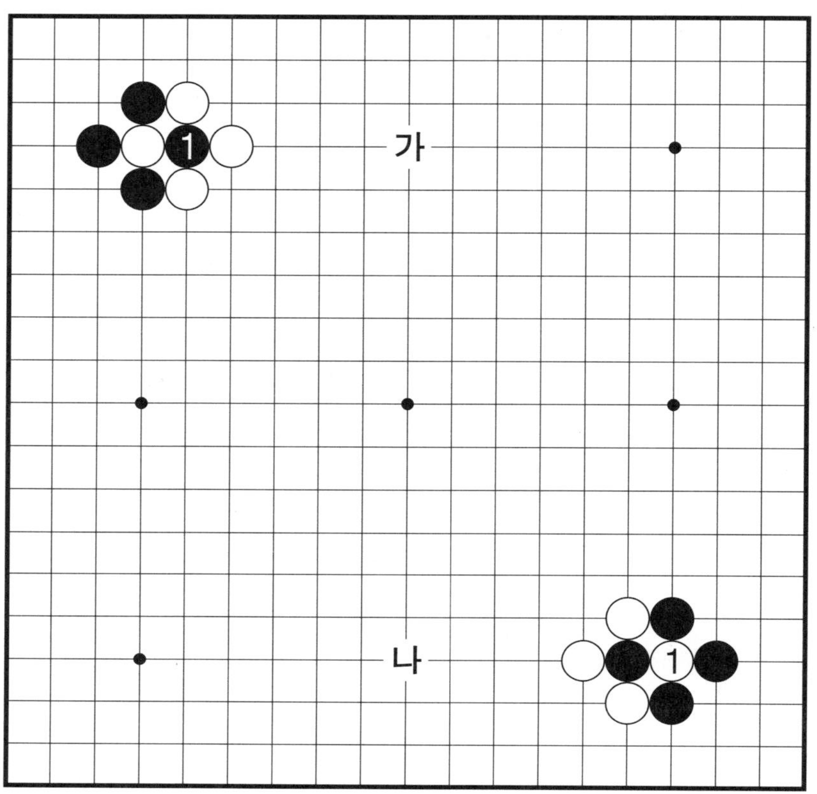

(그림 6) 패란?

가 : 바둑을 두다 보면 지금처럼 서로가 한 점을 딸 수 있는 형태가 등장하게 된다. 흑❶로 백 한 점을 따내고 난 후…

나 : 백도 ①로 흑 한 점을 따낼 수 있다. 이처럼 서로가 계속해서 번갈아가며 따낼 수 있는 형태를 가리켜 '패'라고 한다.

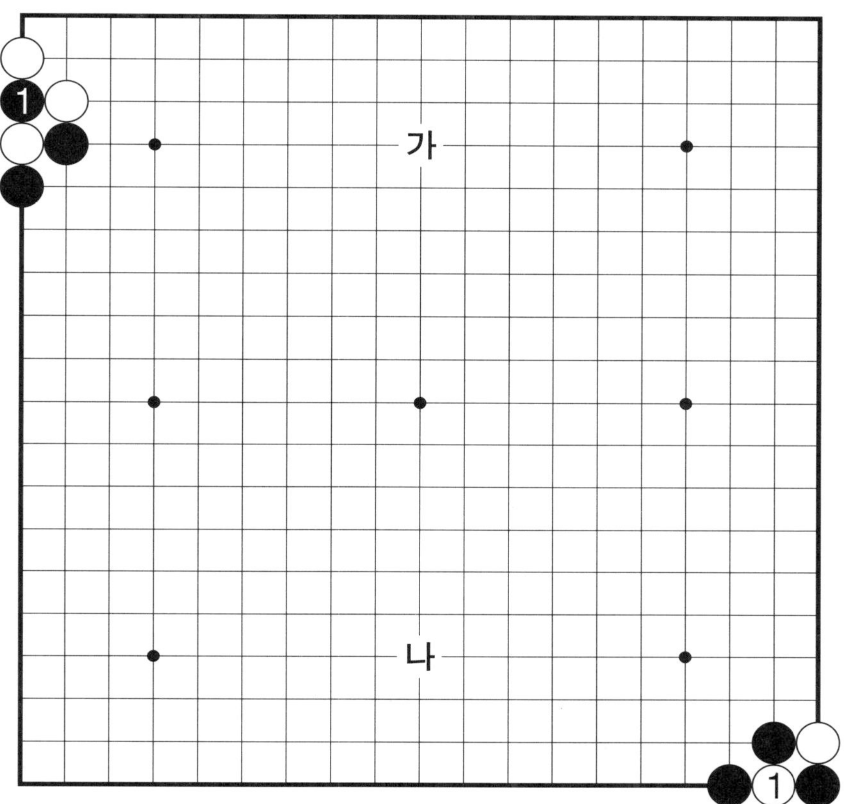

(그림 7) 1선 돌의 패

가 : 1선에서 발생할 수 있는 또 다른 형태의 패이다. 이와 같은 패의 형태가 발생하면 먼저 따내는 쪽에 유리한 권리가 주어진다.

나 : 흑이 먼저 따내는 패의 경우 백은 곧바로 흑 한 점을 따낼 수 없도록 규칙이 정해져 있다. 패가 발생하면 백은 다른 곳에 한번 둔 후에야 비로서 흑 한 점을 따낼 수 있는 것이다.

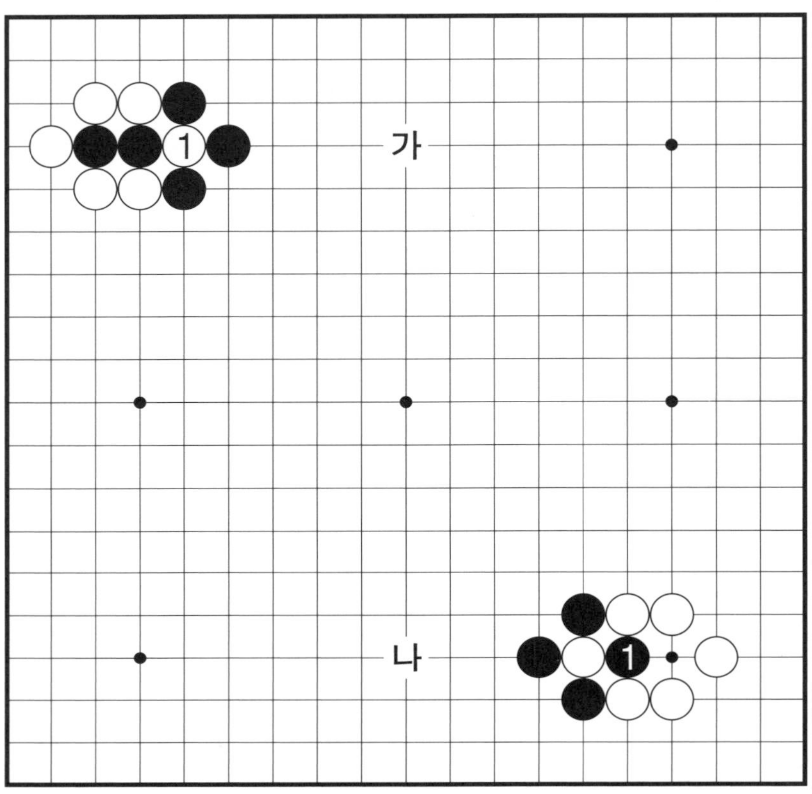

(그림 8) 패와 유사한 형태

가 : 백①로 두어 백이 흑 두 점을 따낸 모습이다. 계속해서…

나 : 백이 흑 두 점을 따낸 후 흑은 곧장 ❶로 두어 백 한 점을 따낼 수 있다. 백이 따낸 후 흑이 곧장 백돌을 되따낼 수 있는 모습이 패와 유사하지만 이 형태는 패가 아니므로 흑❶로 두는 것은 성립한다.

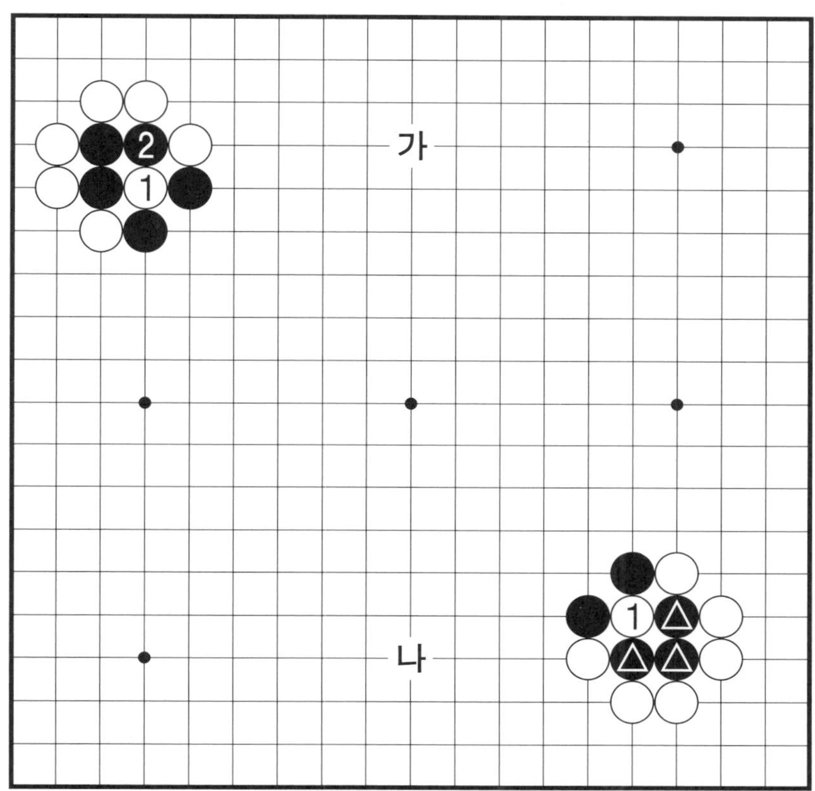

(그림 9) 환격의 형태

가 : 백①처럼 두는 수는 상대의 돌을 잡는 상당히 고급스러운 수단에 해당한다. 이후에 배우게 되겠지만 환격이라는 바둑 용어에 해당하는 수단이다. 백①은 흑으로 하여금 ❷에 두어 한 점을 따내도록 유도하고 있다.

나 : 흑이 백 한 점을 따낸 후 백은 곧장 ①로 두어 흑▲ 석 점을 따낼 수 있다. 물론 이 형태 또한 패가 아니므로 백①은 둘 수 있는 곳이다.

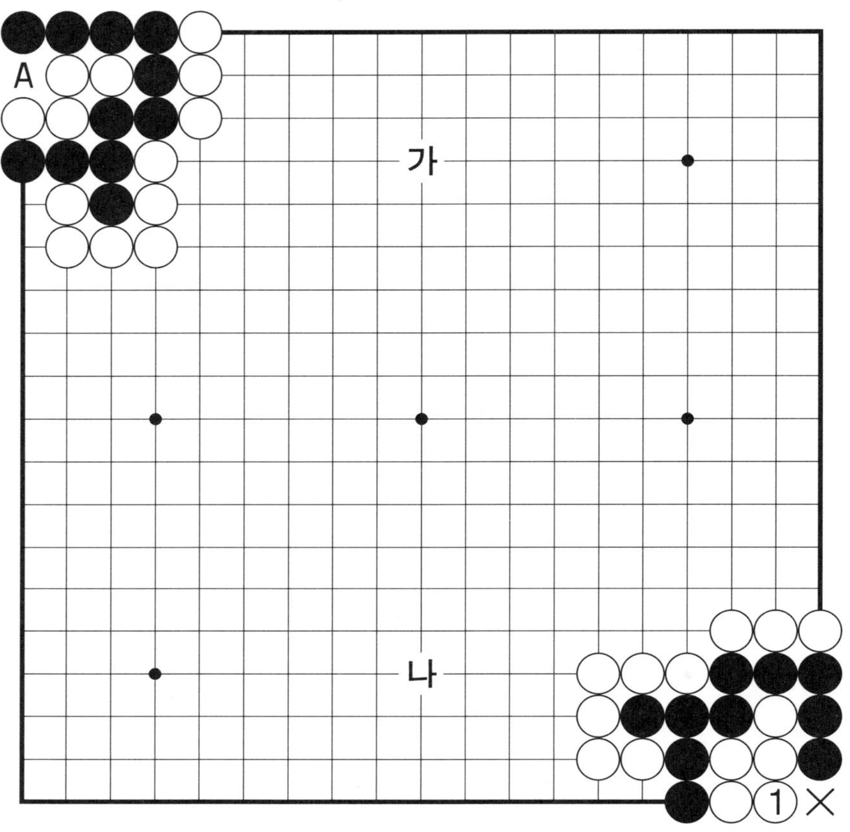

(그림 10) 착수 가능 여부

가 : 흑이 A에 두는 것은 백 넉 점을 따낼 수 있는 모습이므로 착수가 가능한 곳이다. 반대로 백은 활로가 하나도 없기 때문에 A의 곳에 둘 수 없다.

나 : 백은 ①의 곳에 둘 수 있다. ×의 곳에 활로가 1개 있기 때문이라는 것을 알 수 있다.

문제 1

문제 2

문제 1 자신의 활로를 메울 수 있을까?

흑이 ❶로 두는 수는 자신의 활로를 메우는 수이다. 이 수는 가능한 수일까?

문제 2 착수 가능 여부는?

흑❶로 두는 수는 과연 가능할까?

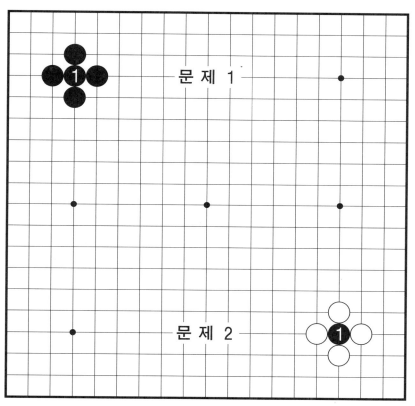

해 답 1

해 답 2

해답 1

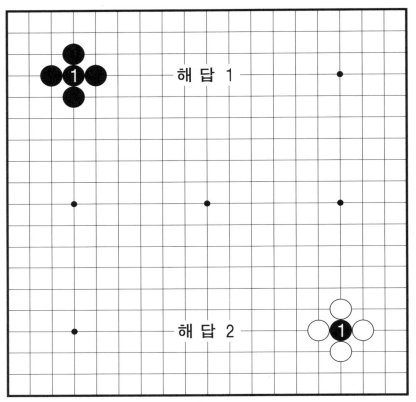

흑❶의 곳은 1개의 활로도 없지만 자신의 활로를 막는 경우이므로 둘 수 있는 곳이다.

해답 2

흑❶은 상대에게 잡히게 되므로 둘 수 없는 곳이다. 흑❶처럼 두는 것은 규칙 위반이다.

문제 3

문제 4

문제 3 단수의 가능 여부는?

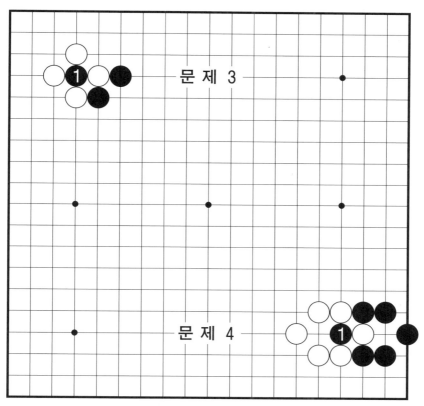

흑❶로 둔 것은 백 한 점을 단수로 만들겠다는 뜻인데, 과연 성립하는 수일까?

문제 4 흑❶은 가능할까?

흑❶은 상대의 포위망 안에 스스로 들어간 수이다. 그렇다면 흑❶은 가능한 수일까?

해 답 3

해 답 4

해답 3

흑❶은 착수가 불가능한 곳이다.

해답 4

흑❶의 곳은 ×로 표시한 1개의 활로를 갖고 있으므로 둘 수 있는 곳이다.

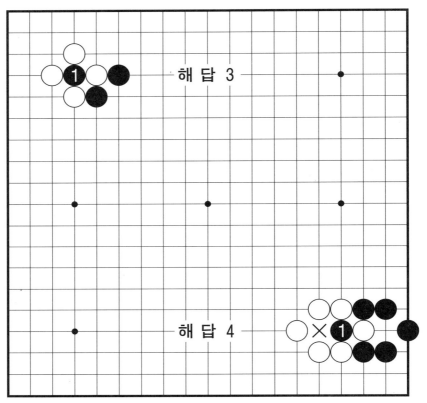

문제 5

문제 6

문제 5 과연 흑❶은 가능한 곳인가?

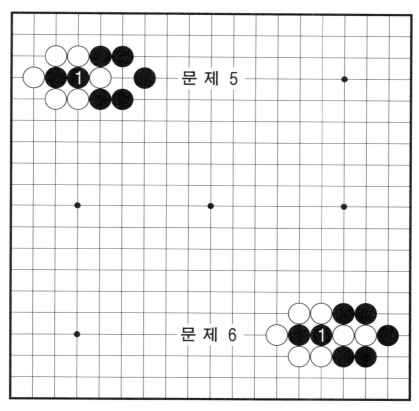

흑❶로 두어서 단수 형태를 만들었은데, 과연 흑❶은 성립하는 수일까?

문제 6 상대의 돌을 따낼 때는?

흑❶의 곳은 활로가 1개도 없는 곳이다. 그렇다면 흑❶은 성립하지 않는 곳일까?

해 답 5

해 답 6

해답 5

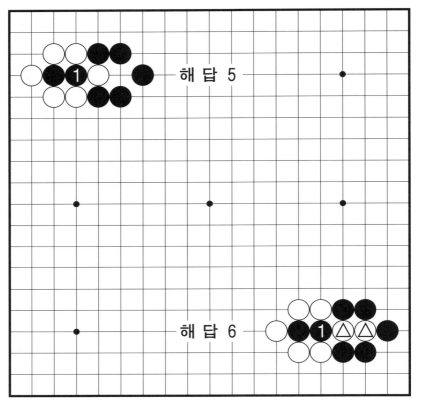

흑❶로 두는 것은 활로가 1개도 없는 곳이므로 둘 수 없는 곳이다.

해답 6

흑❶은 활로가 1개도 없지만 백△ 두 점은 따낼 수 있으므로 착수가 가능한 곳이다.

문제 7, 8

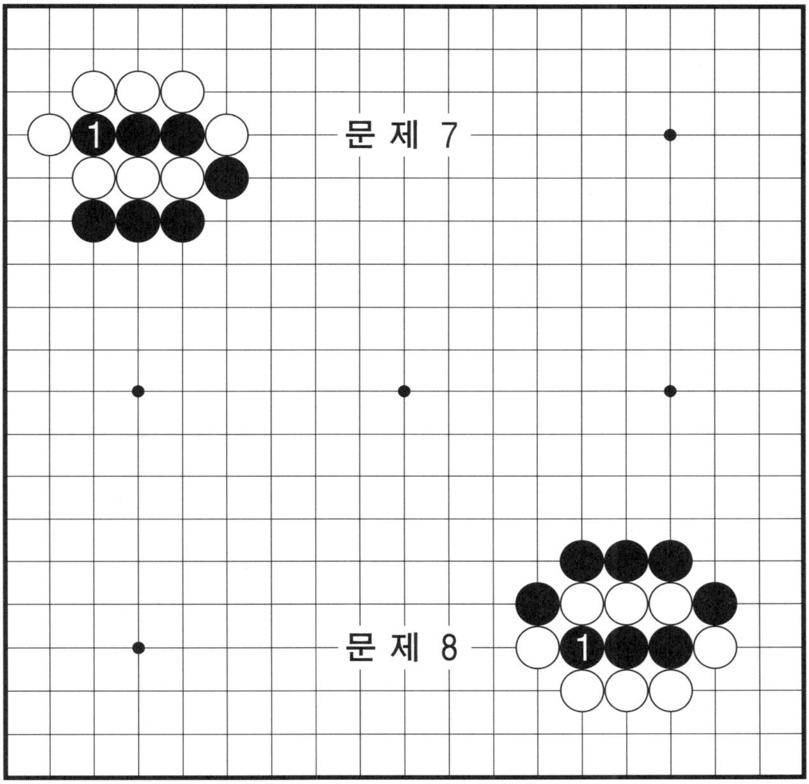

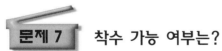

문제 7 착수 가능 여부는?

흑❶은 둘 수 있는 곳일까? 아니면 둘 수 없는 곳일까?

문제 8 백 석 점을 따낼 때는?

흑❶은 활로가 1개도 없는 곳이다. 그렇지만 백 석 점을 따내는 경우에 이 수의 성립 여부는?

해 답 7

해 답 8

해답 7

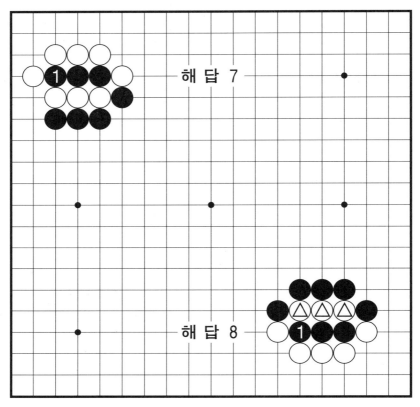

흑❶은 활로가 1개도 없는 곳이므로 착수가 불가능한 곳이다.

해답 8

흑❶로 두는 것은 백 석 점을 따낼 수 있는 곳이므로 착수가 가능하다.

문제 9

문제 1 0

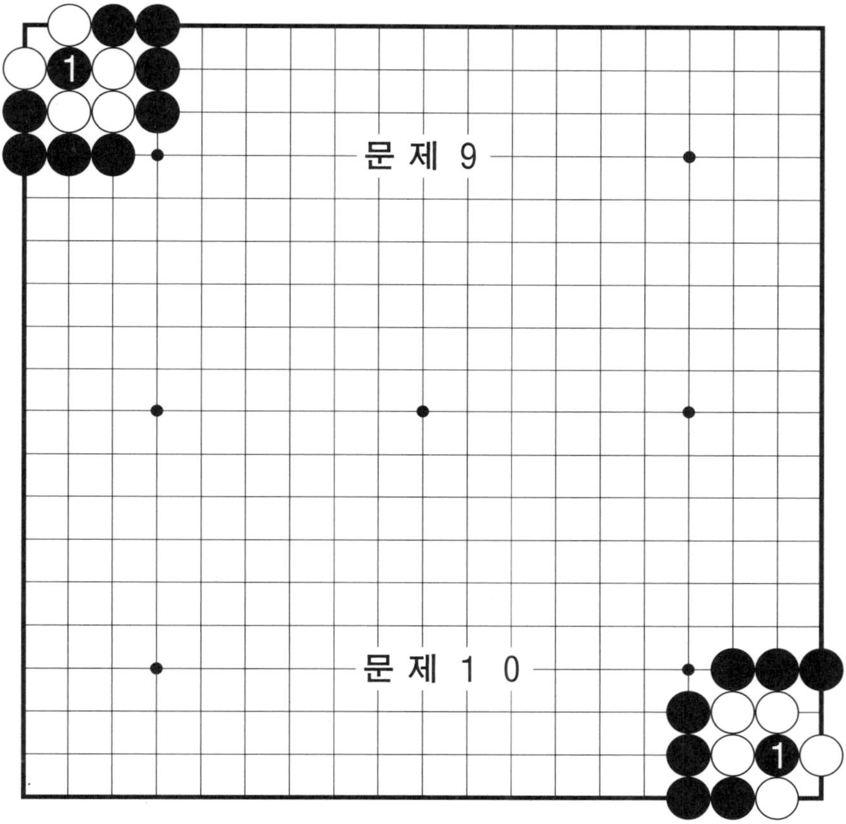

착수 가능 여부는?

흑❶로 두는 수는 가능할까? 가능하지 않을까?

흑❶의 성립 여부는?

앞 문제와 약간 형태가 바뀌었다. 과연 흑❶은 성립하는 수일까?

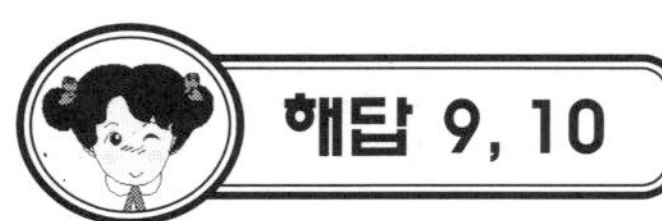

해답 9, 10

해답 9

해답 10

해답 9

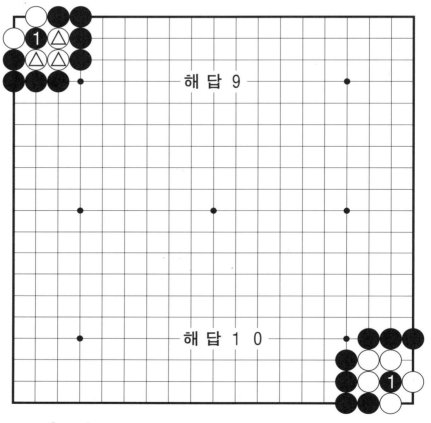

흑❶은 백◬ 석 점을 따낼 수 있으므로 둘 수 있는 곳이다.

해답 10

흑❶은 상대의 돌을 따낼 수 없는 곳이므로 둘 수 없는 곳이다.

3. 활로를 줄이는 방법

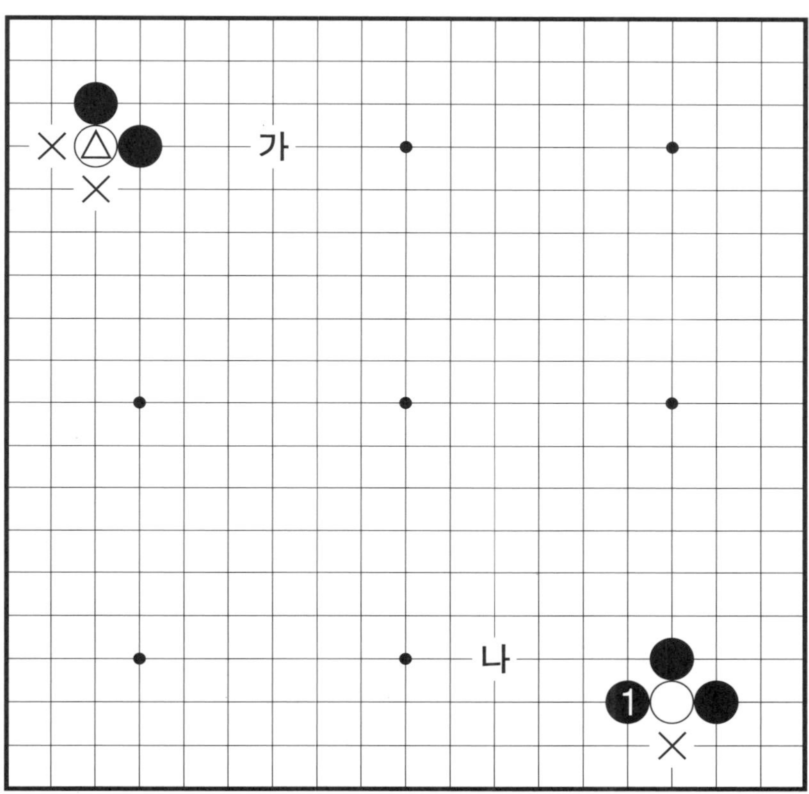

(그림 1) 넓은 쪽에서 공격하라

가 : 백△ 한 점은 ×로 표시한 2개의 활로를 가지고 있다. 계속해서 흑이 둔다면 어느 곳의 활로를 막을 것인지가 매우 중요하다.

나 : 흑은 ❶로 두어서 백돌의 활로를 막는 것이 좋다. 상대를 공격할 때는 이처럼 넓은 곳에서 좁은 쪽으로 모는 것이 좋다. 백돌은 ×로 표시한 1개의 활로밖에 없다.

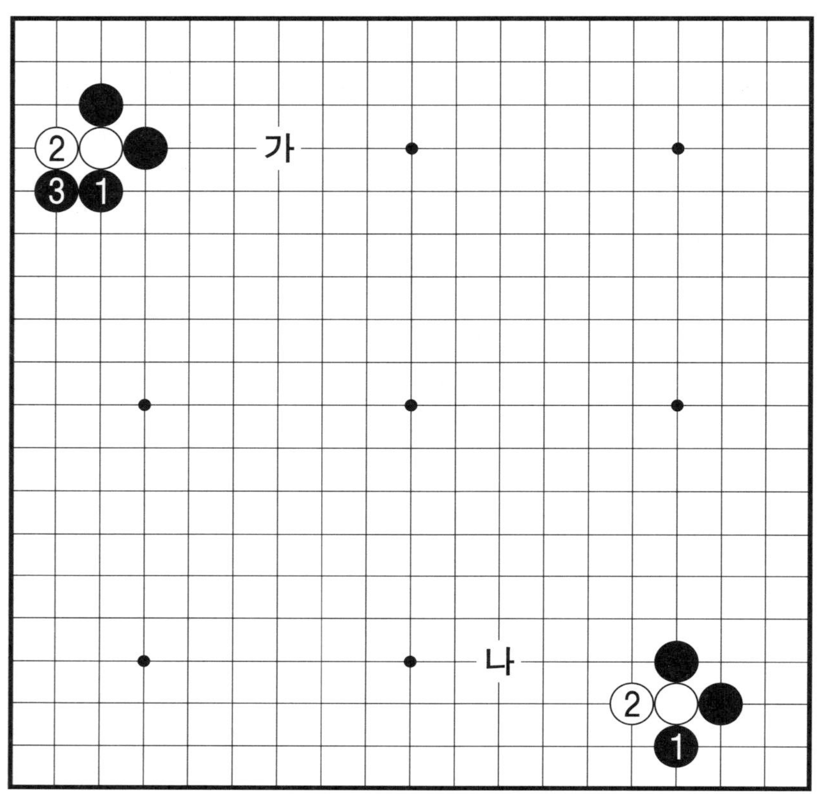

(그림 2) 선 쪽으로 공격

가 : 흑❶로 공격하면 백은 ②로 달아나는 정도인데, 흑❸으로 막는 것이 또한 올바른 공격법이다. 백 두 점은 거의 잡힌 것이나 다름없다.

나 : 흑❶로 공격하는 것은 이 경우 좋지 않다. 백②로 달아나면 (가)의 형태와 달리 흑이 백 두 점을 공격하는 것은 거의 불가능에 가깝다.

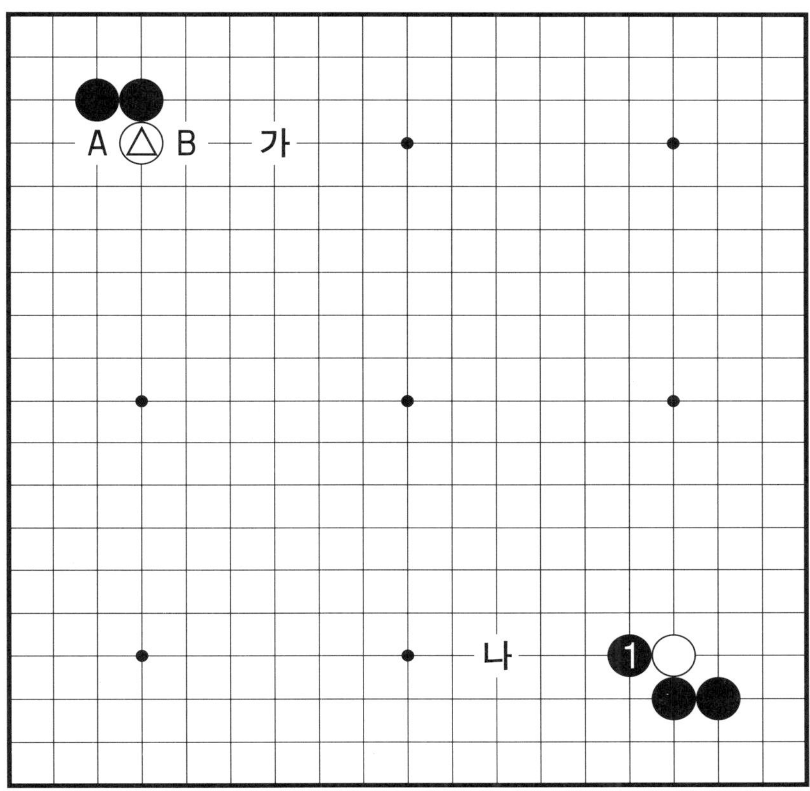

(그림 3) 공격의 방향

가 : 흑이 백 한 점을 공격하기 위해서는 A와 B 중 어느 곳의 활로를 막는 것이 좋은지 살펴보기로 한다.

나 : 흑은 당연히 ❶로 젖혀서 공격해야 한다. 백의 진출로가 넓은 곳을 막는 것이 올바른 공격법이기 때문이다.

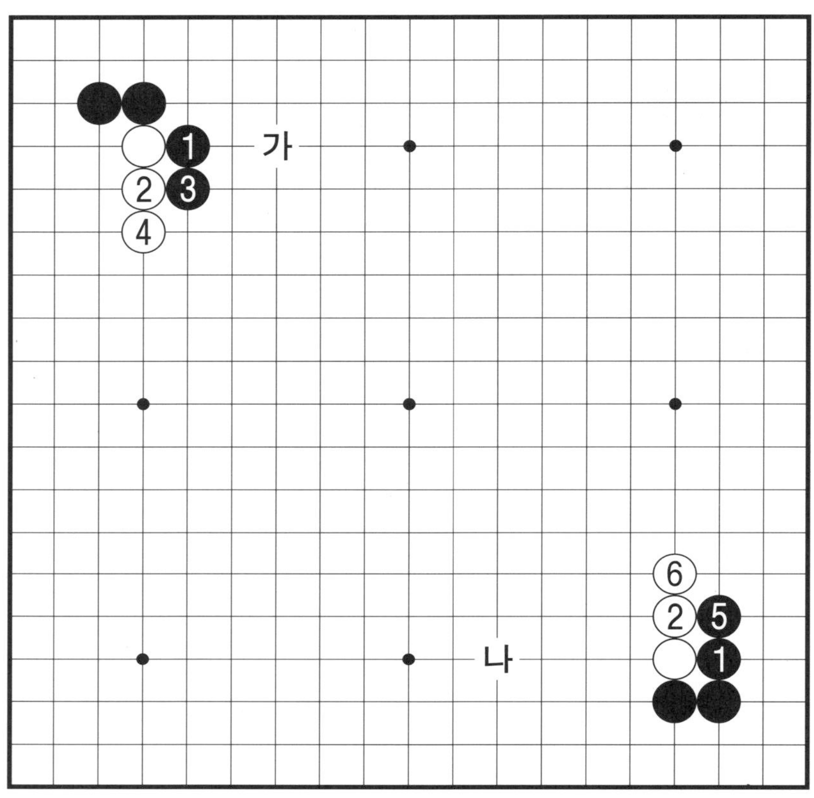

(그림 4) 공격의 차이점

가 : 흑❶로 활로를 차단하면 백은 ②로 뻗어서 빨리 달아나야 한다. 계속해서 흑❸에는 백❹로 뻗어서 활로를 넓힌다.

나 : 흑❶로 공격하는 것은 이 경우 방향이 틀렸다. 백은 ⑥까지 달아나게 되는데 (가)의 형태와 비교할 때 좀더 쉽게 살아갈 가능성이 높다.

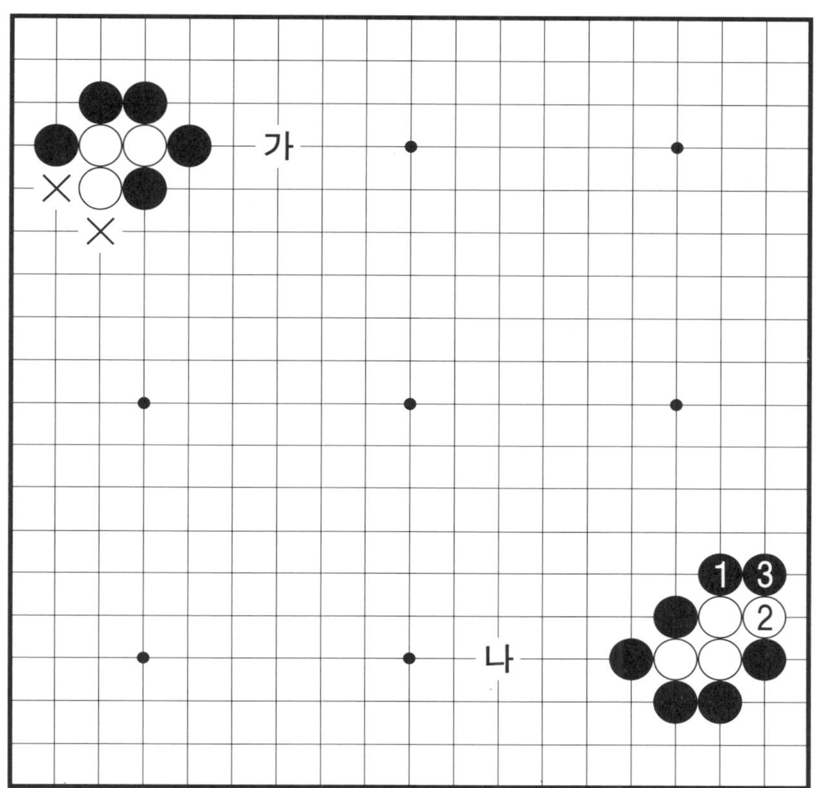

(그림 5) 1선으로 유도

가 : 흑이 백 석 점을 공격하고 싶은데, ×로 표시한 2개의 활로 중 어느 곳을 막아야 할까?

나 : 흑은 ❶로 막아야 한다. 백②로 달아난다면 흑❸으로 막는 것이 좋다. 백 한 점은 1선에 1개의 활로밖에 없는데, 이곳은 곧 죽음을 의미한다.

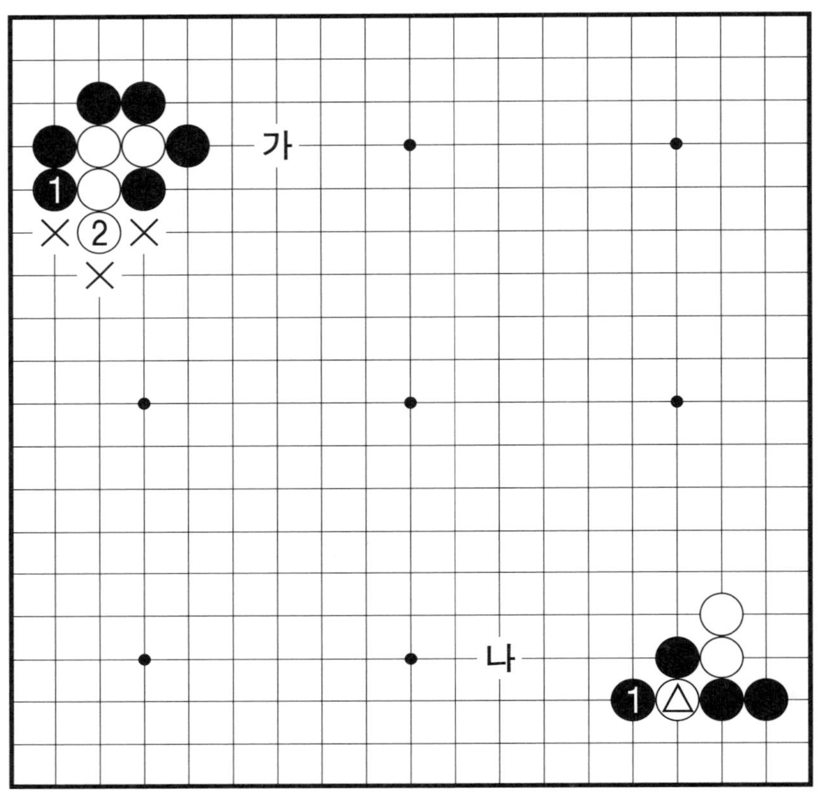

(그림 6) 공격법

가 : 흑❶로 공격하는 것은 이 경우 좋지 않다. 백②로 달아나면 백 넉 점은 ×로 표시한 3개의 활로를 확보할 수 있다. 흑이 이 백돌을 공격하기란 더 이상 쉽지 않다.

나 : 이와 같은 형태가 발생한다면 흑은 ❶로 두어서 백◬ 한 점을 공격하는 것이 좋다. 흑❶은 백을 넓은 쪽에서 좁은 쪽으로 공격하는 올바른 공격법이다.

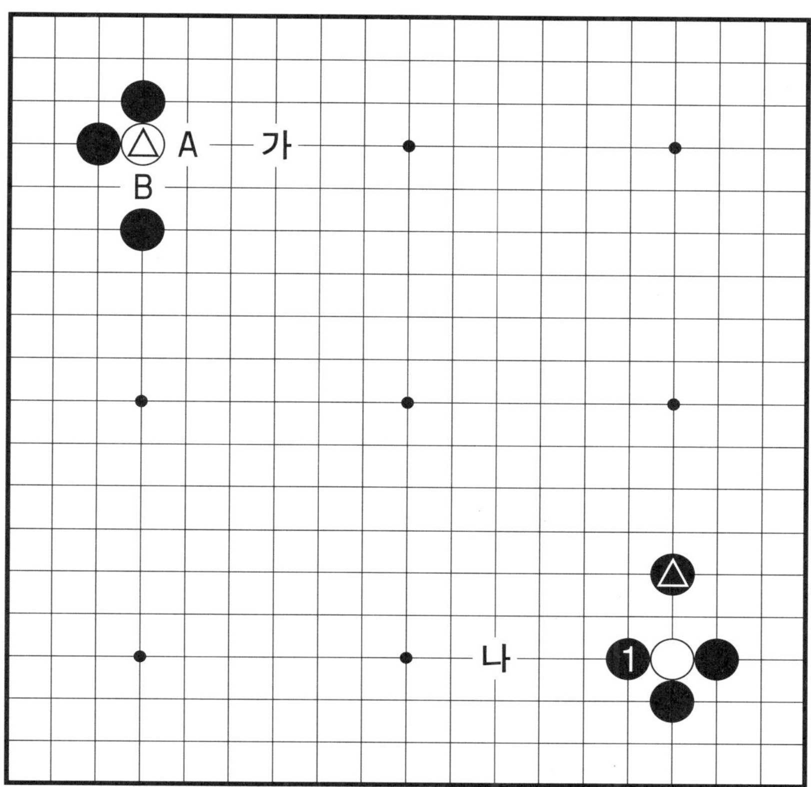

(그림7) 자신의 응원군을 활용

가 : 상대의 활로를 1선 쪽으로 유도하는 것이 좋은 공격법이라고 설명했다. 그렇다면 이 경우 흑이 백△ 한 점을 공격하기 위해선 A와 B 중 어느 쪽으로 공격하는 것이 좋을까?

나 : 흑❶로 공격하는 것이 올바르다. 흑▲처럼 자신의 응원군이 있는 쪽으로 공격하는 것이 또 다른 공격법에 해당한다.

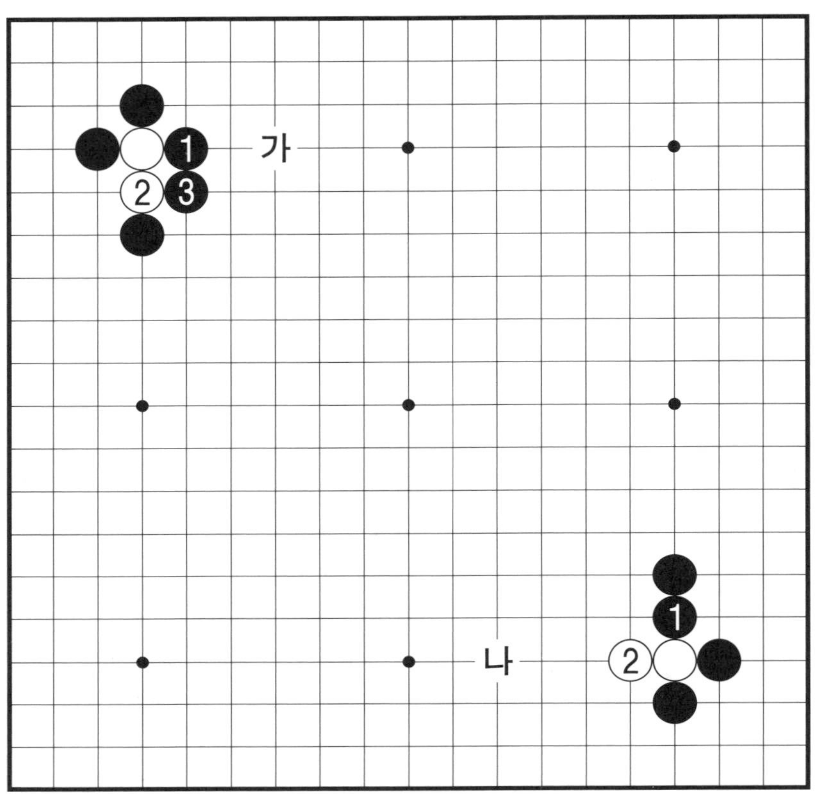

(그림 8) 공격의 차이점

가 : 흑❶로 공격했을 때 백이 ②로 달아난다면 흑❸으로 막는 것이 중요하다. 흑은 이번엔 1선 쪽으로 몰아가고 있다.

나 : 흑❶로 공격하는 것은 방향이 틀렸다. 백②로 달아나는 순간 더 이상 공격이 쉽지 않다.

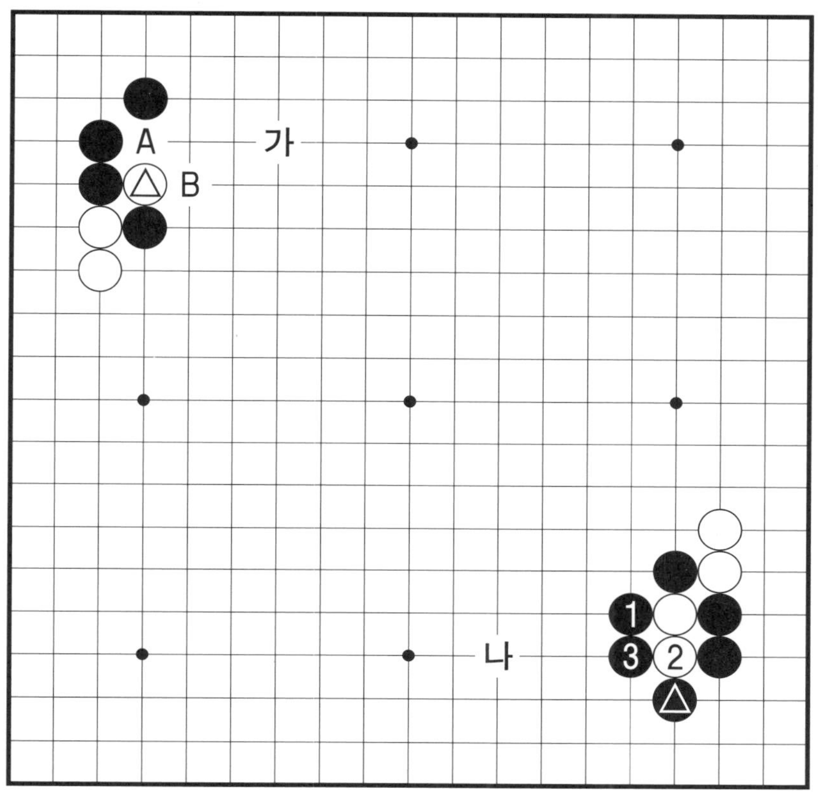

(그림 9) 올바른 공격법

가 : 백△ 한 점을 공격하고자 한다면 흑은 A와 B 중 어느 쪽에서 백의 활로를 막아야 할까?

나 : 흑은 당연히 흑▲의 응원군이 있는 ❶로 두어서 백을 공격해야 한다. 백②로 달아난다면 흑❸으로 막아서 백 두 점을 따낼 수 있다.

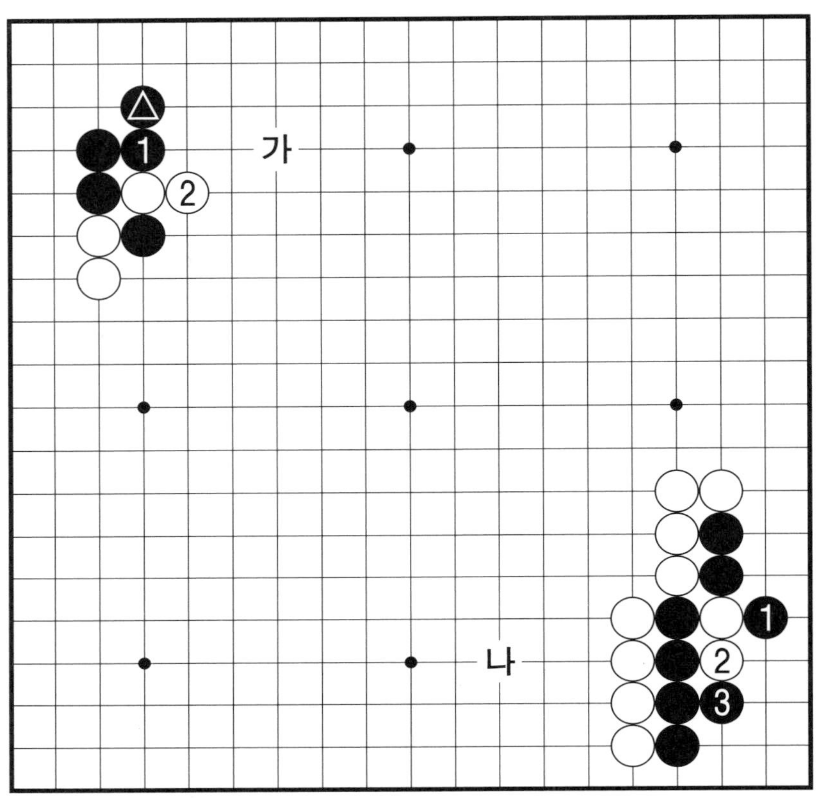

(그림 10) 응원군을 활용하는 것이 중요

가 : 흑❶로 두는 것은 흑▲의 응원군을 활용하지 못한 수이다. 백②로 달아나면 더 이상 공격이 쉽지 않은 모습이다.

나 : 이와 같은 경우에 흑❶로 두는 것이 응원군을 활용하는 요령이다. 백②로 달아난다면 흑❸으로 두어서 이번엔 1선 쪽으로 공격 방향을 바꾼다.

A B
C
문제 1

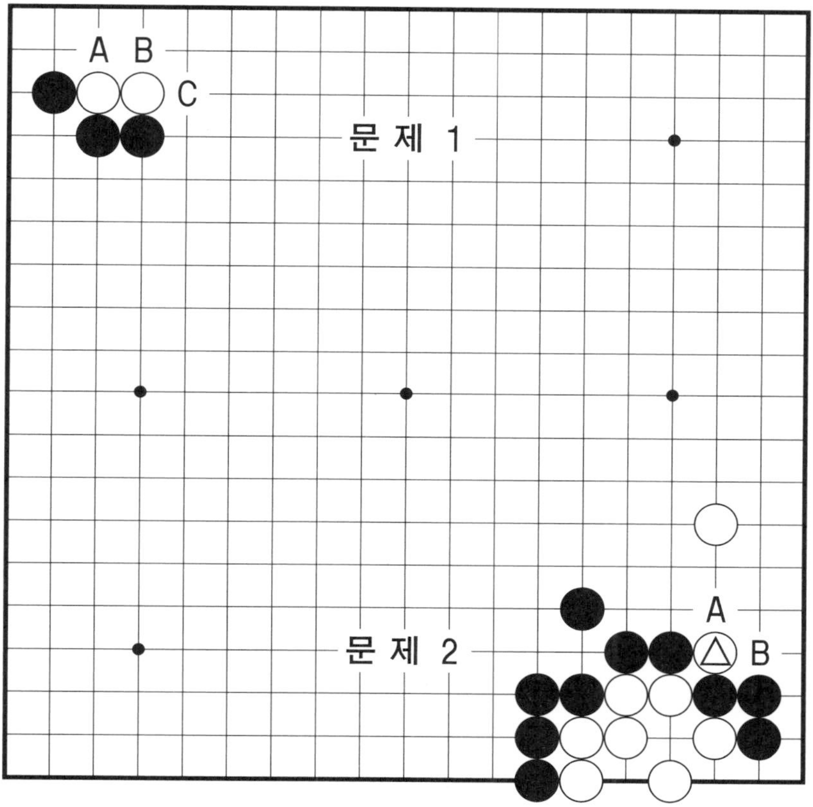

A
문제 2
B

활로를 줄이는 방법은?

A~C 중 백의 활로를 줄이는 올바른 방법은?

올바른 공격법은?

백△ 한 점을 공격하고자 할 때 A와 B 중 올바른 공격법은?

해 답 1

해 답 2

해답 1

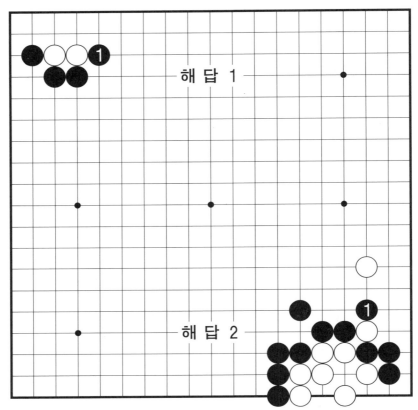

흑❶로 젖혀서 백 두 점을 공격하는 것이 올바르다.

해답 2

흑❶로 공격해야 한다. 백 한 점은 잡힌 꼴이다.

올바른 방향은?

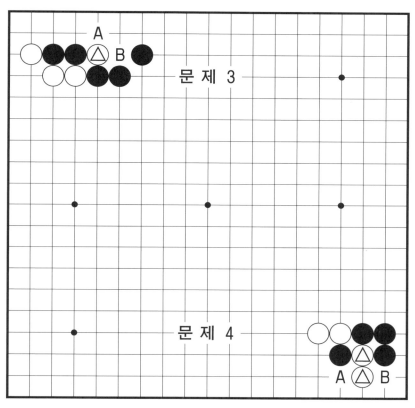

백△ 한 점을 공격하고 싶다. A와 B 중 올바른 공격 방향은?

막는 방향은?

백△ 두 점을 공격하고 싶은데, 흑은 A와 B 중 어느 곳에 두어야 할까?

해 답 3

해 답 4

해답 3

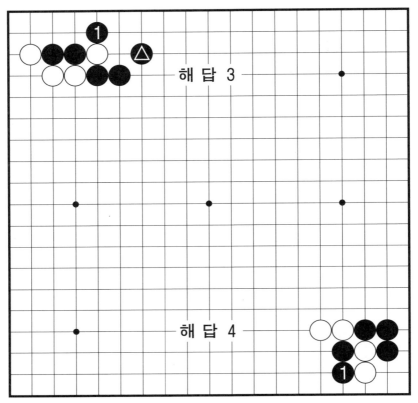

흑❶로 두는 것이 옳다. 흑▲ 한 점이 적절한 응원군 역할을 하고 있다.

해답 4

흑❶로 막는 것이 올바른 방향이다. 백 두 점은 활로가 2개인 반면에 흑 두 점은 3개의 활로를 갖게 되었다.

문제 5

문제 6

문제 5 현명한 공격법은?

백 한 점을 공격하고자 한다면 A~C 중 어느 쪽의 활로를 막는 것이 가장 현명할까?

문제 6 백 넉 점의 공격법은?

백 넉 점을 공격하고자 한다면 A~D 중 어느 곳의 활로를 막아야 할까?

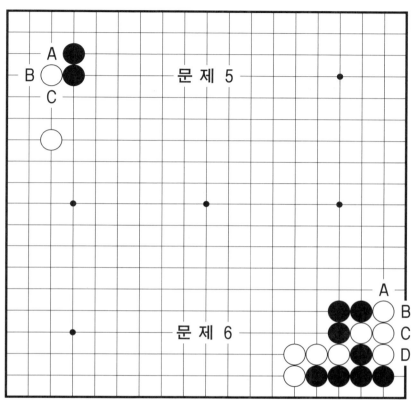

해답 5

해답 6

해답 5

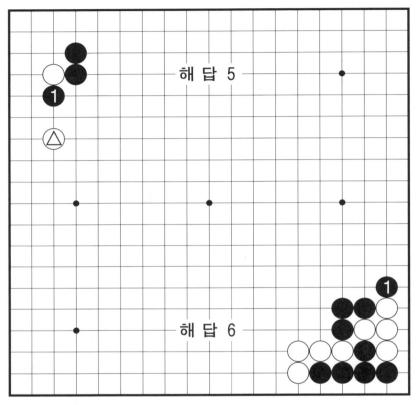

흑❶로 막아서 백△ 한 점과의 연결을 방해하는 것이 올바른 공격법이다.

해답 6

흑❶로 막는 것이 올바른 공격법이다. 흑은 백의 진출로가 넓은 쪽을 먼저 막아야 한다.

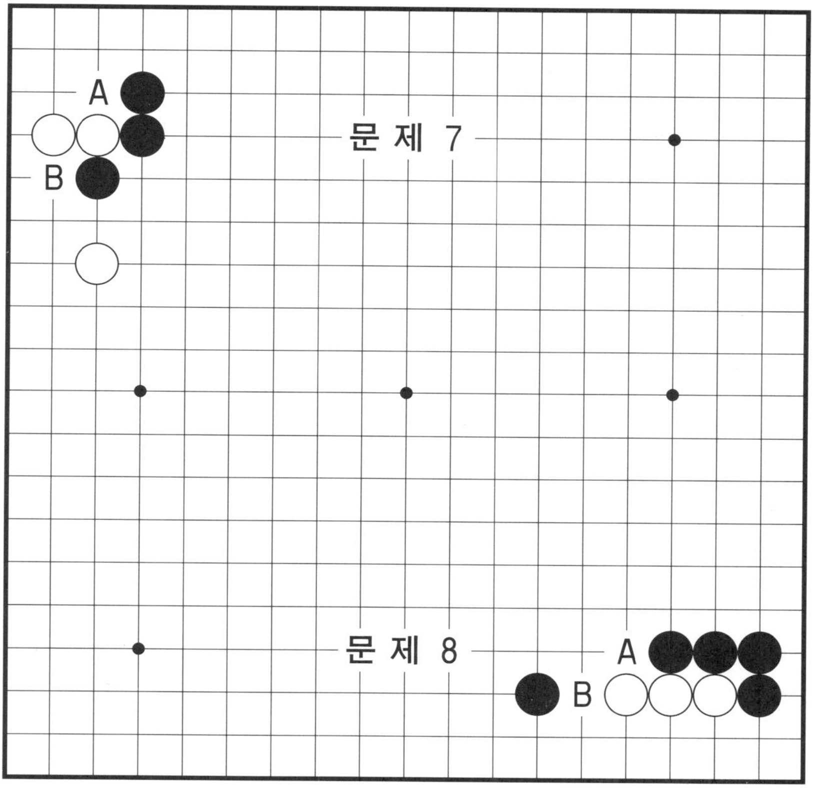

A
문제 7
B

문제 8
A
B

공격 방향은?

백 두 점을 공격하고자 한다. A와 B 중 어느 곳으로 공격해야 할까?

문제 8 응원군을 활용하는 요령은?

백 석 점을 공격하고자 한다. 흑은 A와 B 중 어느 곳으로 공격해야 할까? 응원군을 활용해야 한다.

해 답 7

해 답 8

해답 7

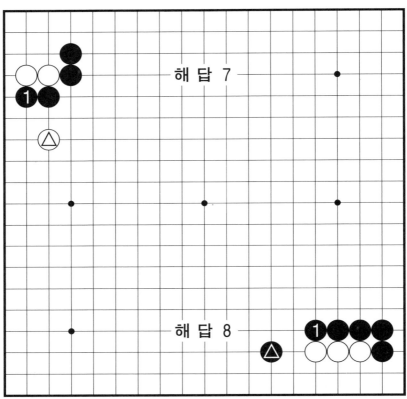

흑❶로 막아서 백△와의 연결을 방해하는 것이 중요한 공격법이다.

해답 8

흑❶로 막아야 한다. 흑▲의 응원군이 대기하고 있는 만큼 백의 진출로가 봉쇄되었다.

끊어서 공격

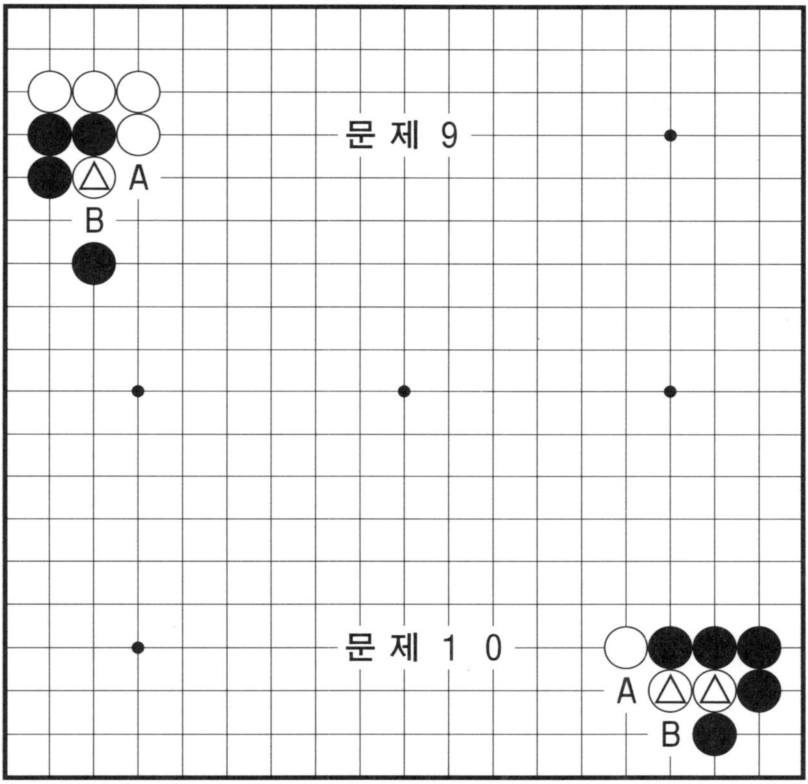

백◎ 한 점을 공격하고자 한다. A와 B 중 올바른 공격법은?

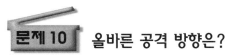

올바른 공격 방향은?

백◎ 두 점을 잡을 수 있는 적절한 방법은(A와 B 중 선택)?

해답 9, 10

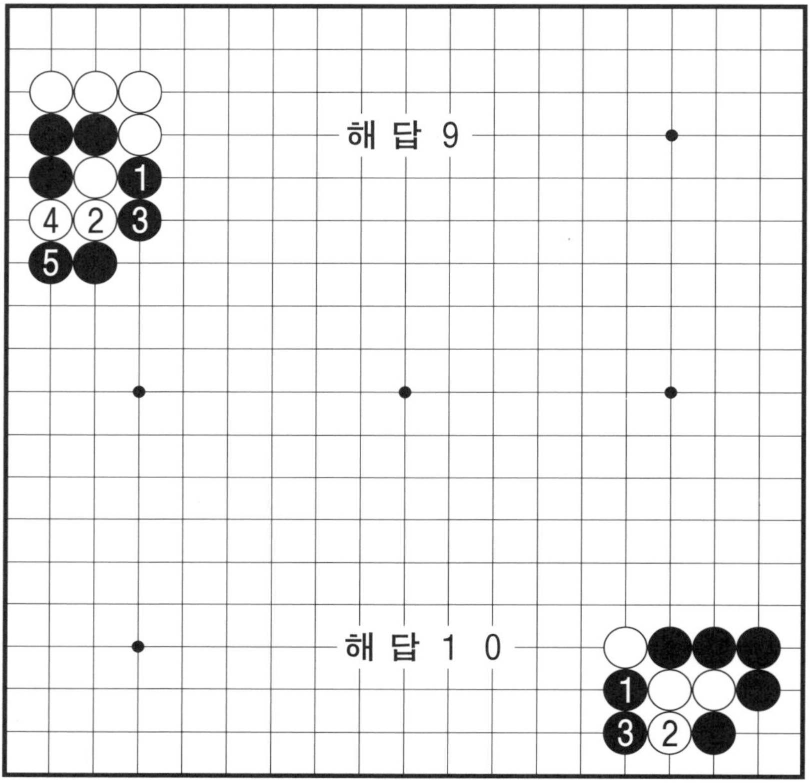

해답 9

해답 1 0

해답 9

흑❶로 끊는 것이 좋은 수이다. 백②로 달아나도 이하 흑❺까지 백이 잡히고 만다.

해답 10

흑❶로 끊는 것이 중요하다. 백②로 달아나도 흑❸으로 막으면 백은 살 수 없는 모습이다.

4. 활로를 넓히는 방법

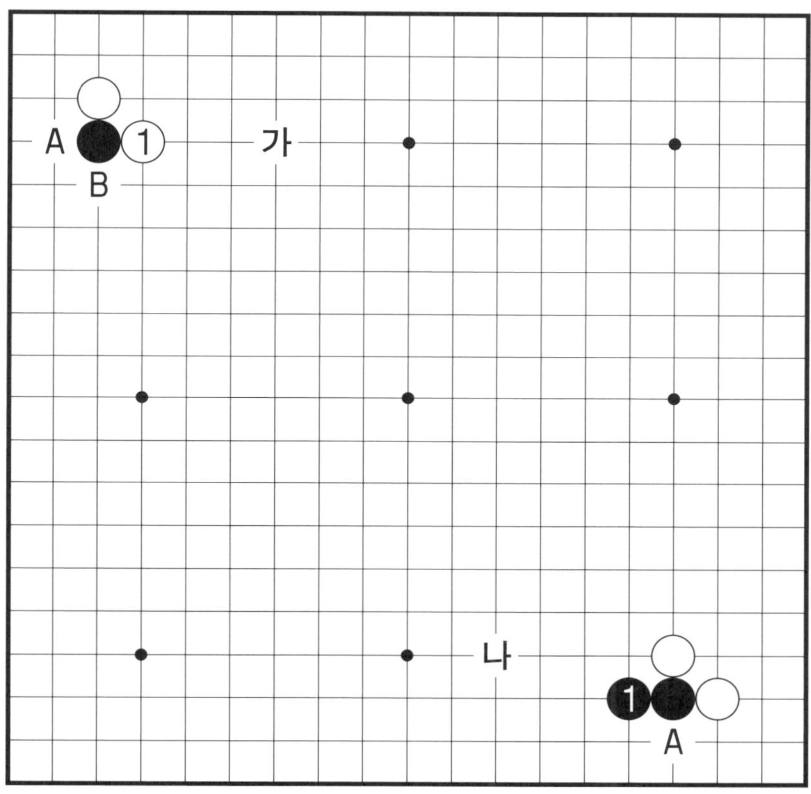

(그림 1) 활로를 넓히는 방향

가 : 상대의 활로를 줄이는 방법도 중요하지만 자신의 활로를 어떻게 넓힐 것인가 하는 것도 매우 중요하다. 백①로 젖혔을 때 흑은 A와 B 중 어느 쪽으로 활로를 넓혀야 할까?

나 : 흑은 당연히 ❶로 뻗어서 두어야 한다. A의 곳에 뻗는 것은 이 경우 방향 착오이다.

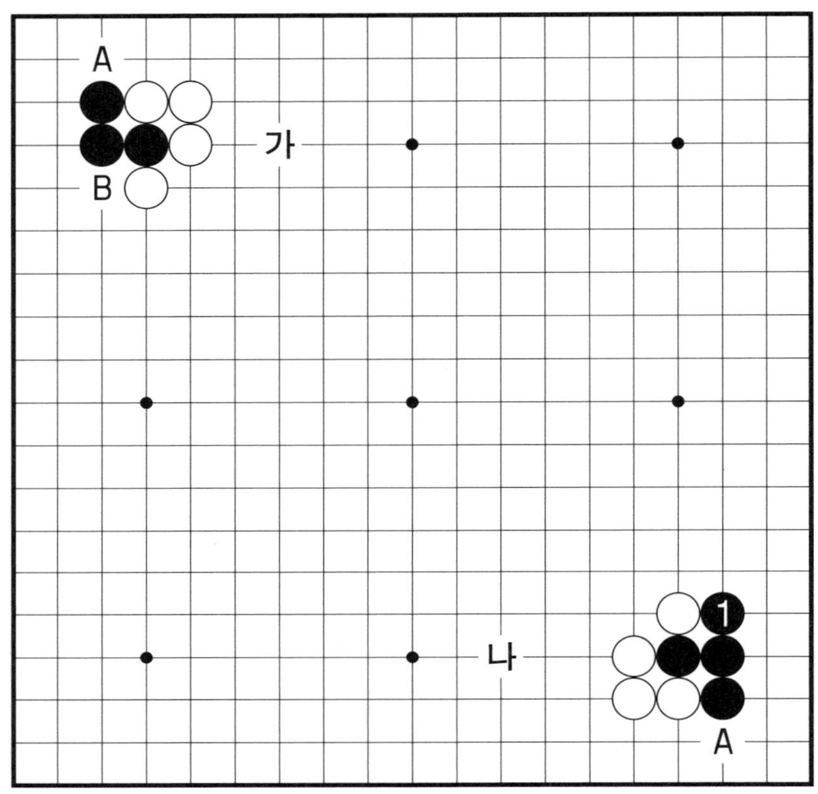

(그림 2) 넓은 쪽으로 진출

가 : 흑 석 점의 활로를 넓히고자 한다. 흑은 A와 B 중 어느 쪽으로 활로를 넓히는 것이 올바른 방향일까?

나 : 흑❶로 두는 것이 올바른 방향이다. 흑은 넓은 쪽으로 진출하는 것이 돌의 진출 방향 관계상 올바르다. A의 곳은 1선으로 향하고 있는 만큼 올바르지 않다.

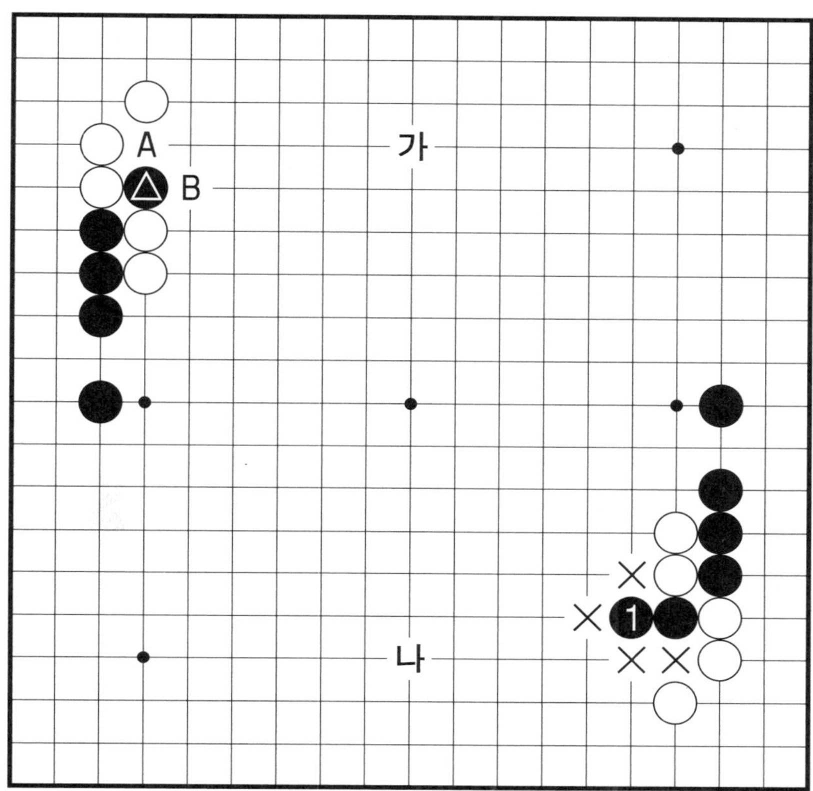

(그림 3) 진출 방향

가 : 흑▲ 한 점의 활로를 넓히고자 한다. 흑은 A와 B 중 어느 쪽으로 두는 것이 좋을까?

나 : 당연히 ❶로 뻗어서 둘 곳이다. 흑 두 점은 ×로 표시한 4개의 활로를 갖고 있는 만큼 이제 죽음을 걱정할 필요가 없다.

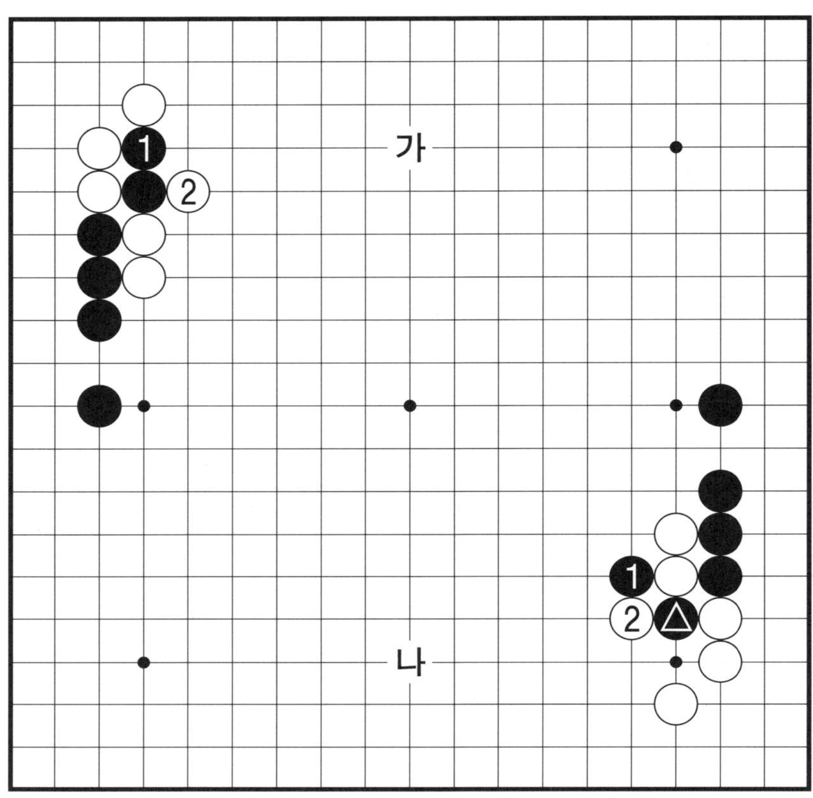

(그림 4) 잘못된 방법

가 : 흑❶로 활로를 넓히는 것은 좋지 않다. 백②로 활로가 막히면 흑 두 점이 잡히고 만다.

나 : 흑❶로 두는 것은 흑▲ 한 점의 활로를 넓히는 데 전혀 도움이 되지 않는다. 백②로 두는 순간 흑▲ 한 점이 잡히고 말았다.

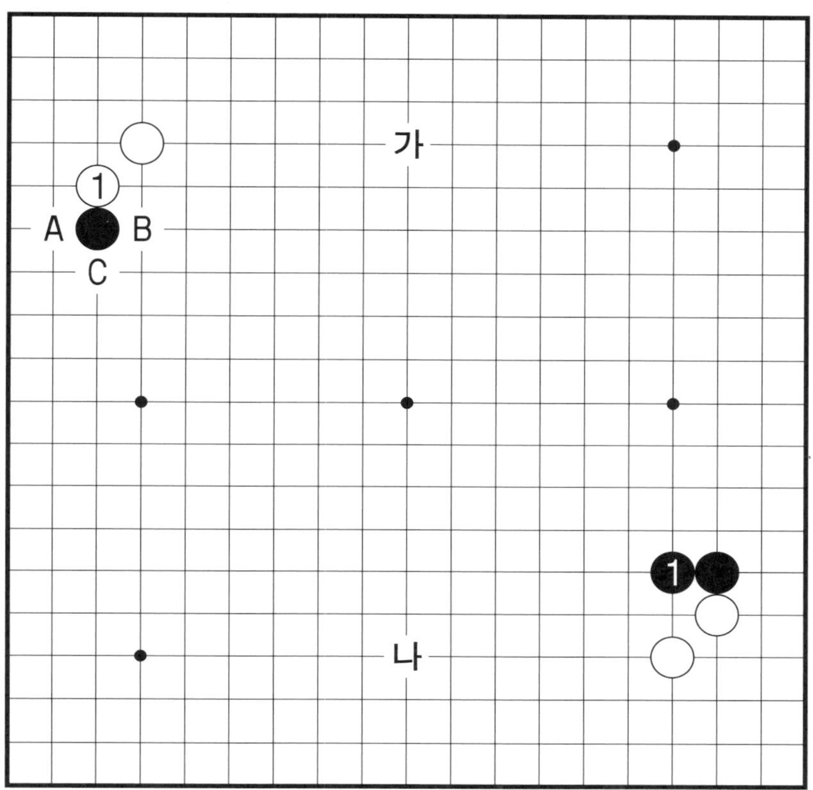

(그림 5) 활로의 방향

가 : 백①로 두면 흑 한 점은 3개의 활로로 줄어들게 된다. 이후 흑은 A~C 중 어떤 방법으로 활로를 넓혀야 할까?

나 : 돌의 발전 관계상 당연히 흑❶로 뻗어서 두어야 한다. 흑 두 점은 이제 활로가 풍부해졌다.

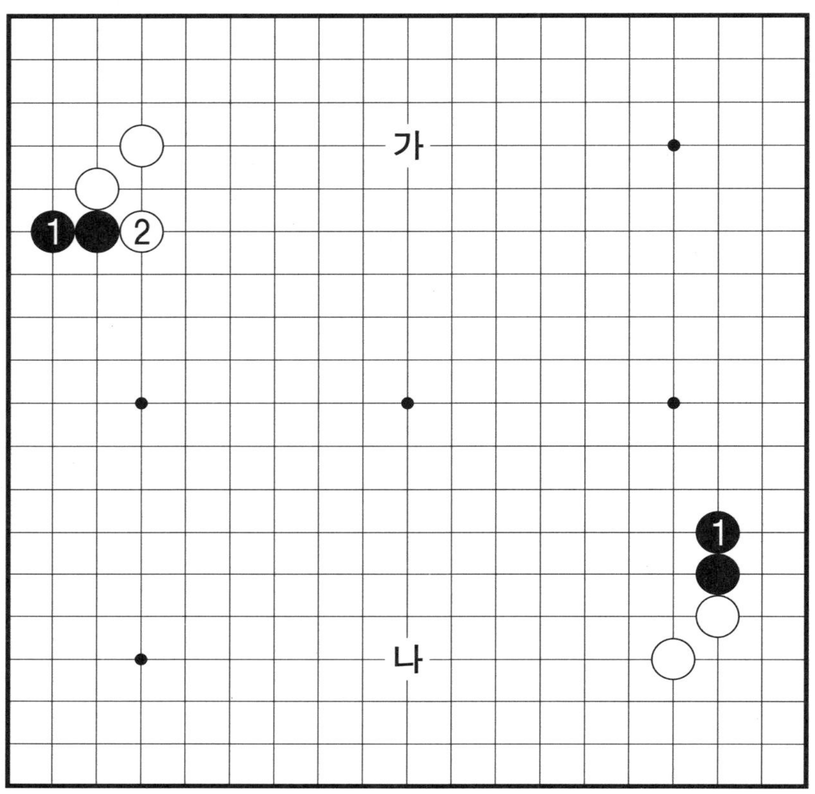

(그림 6) 잘못된 방향

가 : 흑❶로 두는 것은 활로가 1선을 향하고 있으므로 좋지 않다. 백②로 막혀서는 흑의 실패이다.

나 : 흑❶로 두는 수 역시 방향 감각이 틀렸다. 이처럼 두기보다는 활로의 발전성이 풍부한 중앙 쪽으로 활로를 넓히는 것이 좋다.

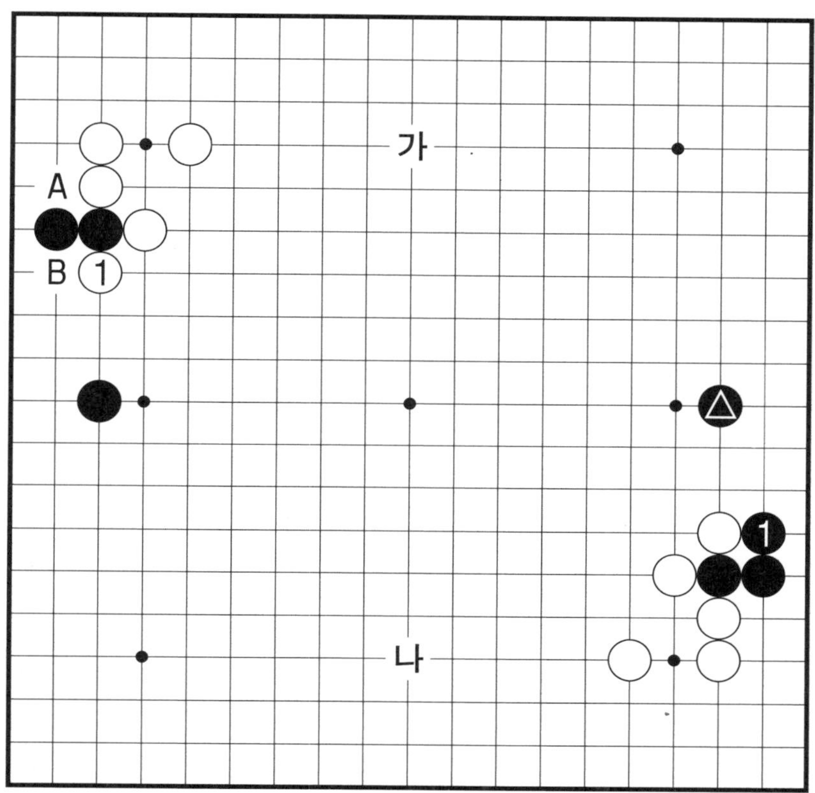

(그림 7) 응원군을 활용

가 : 백①로 두어서 흑 두 점의 활로를 좁혀 온 장면이다. 흑은 A와 B 중 어느 쪽으로 활로를 넓히는 것이 좋을까?

나 : 흑은 흑▲의 응원군이 있는 ❶로 두는 것이 올바르다. 이제 흑은 더 이상 공격을 걱정하지 않아도 된다.

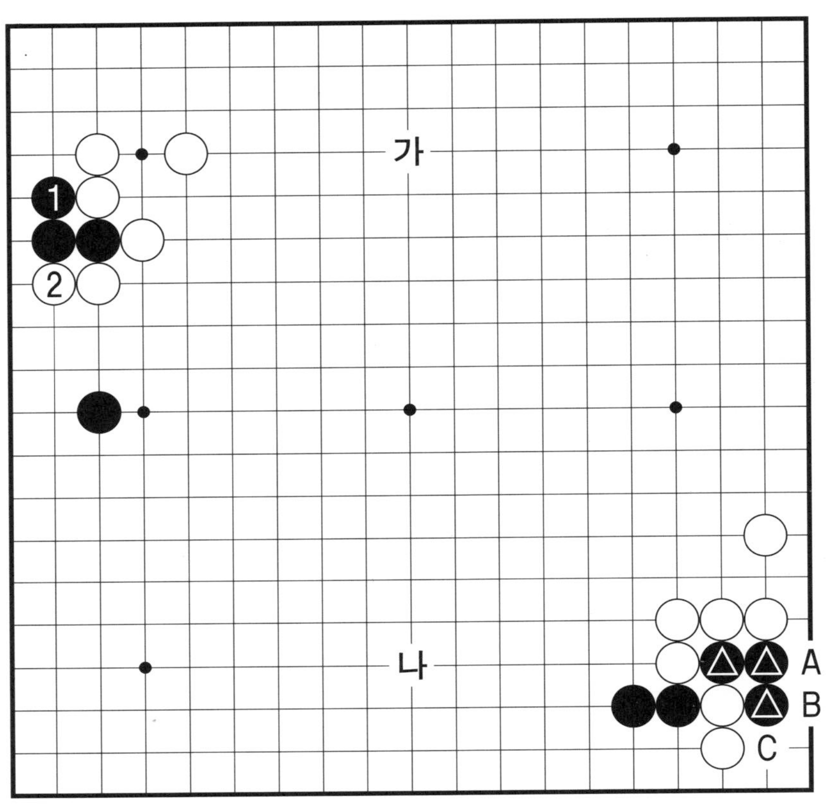

(그림 8) 방향 감각이 중요

가 : 흑❶로 두는 것은 방향 감각이 전혀 엉뚱하다. 백②로 막히고 나면 흑 석 점이 안에서 살기는 힘들어졌다.

나 : 흑▲ 석 점의 활로는 A, B, C 3개이다. 이 3개의 활로 중 흑은 어느 곳으로 활로를 넓히는 것이 좋을까?

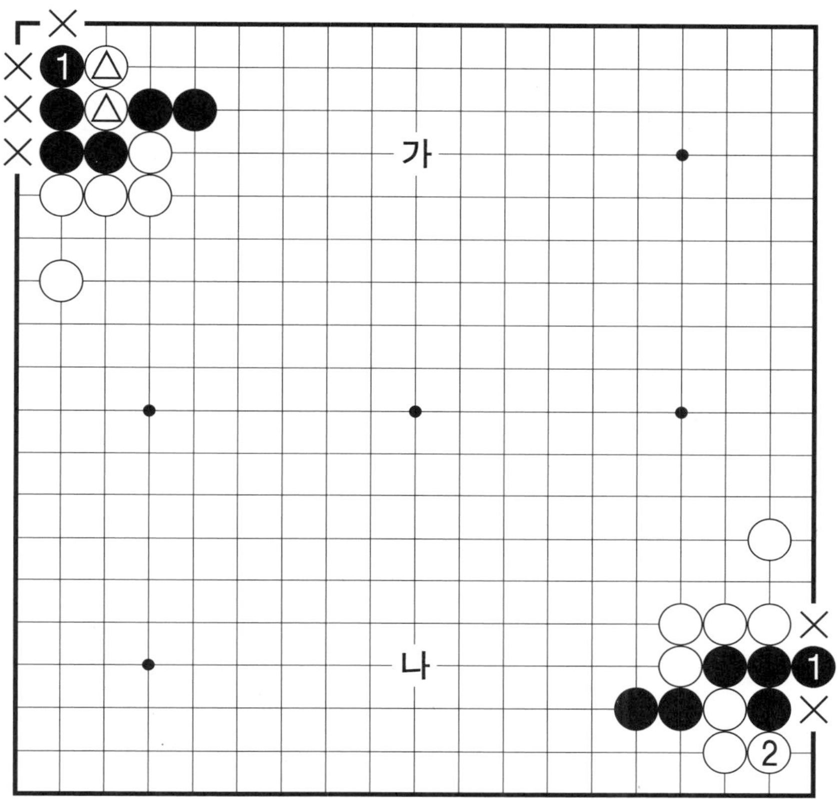

(그림 9) 1선은 활로가 늘지 않는다

가 : 흑은 ❶로 두는 것이 올바르다. 흑❶로 두는 순간 흑 넉 점은 ×로 표시한 4개의 활로를 갖게 되었다. 반면 백△ 두 점은 2개의 활로밖에는 없다. 결국 흑이 백 두 점을 잡을 수 있다는 결론이다.

나 : 흑❶로 1선에 두는 것은 방향 착오이다. 1선에 두는 것은 활로가 늘어나지 않는다는 것을 기억하자. 백②로 막히면 흑은 ×로 표시한 2개의 활로밖에 없다.

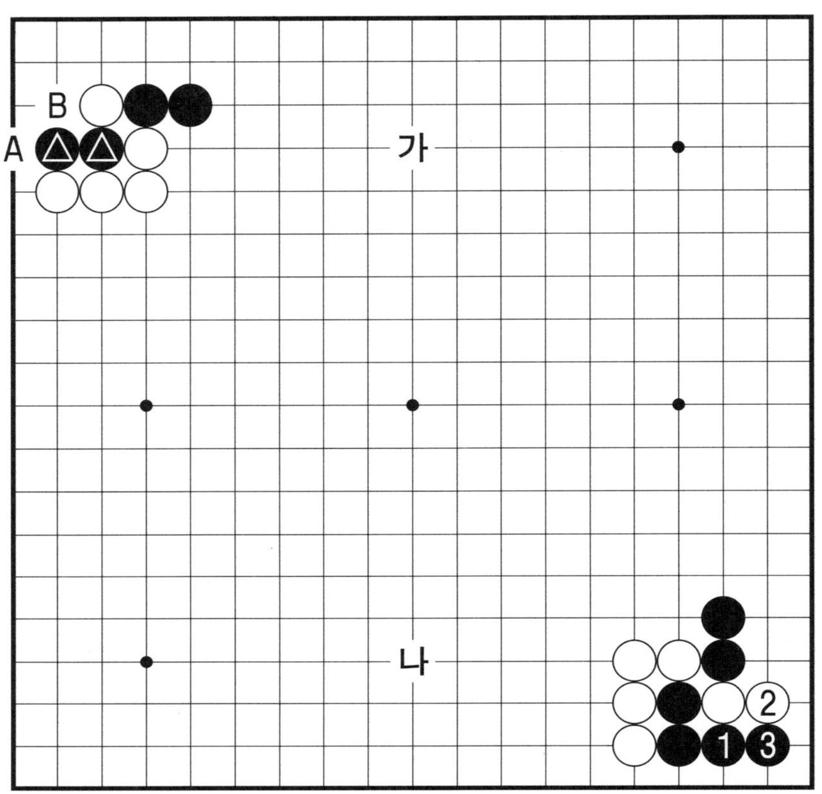

(그림 10) 공격의 방향

가 : 흑▲ 두 점의 활로가 A와 B, 2개이다. 흑은 이 2개의 활로 중 어느 곳에 두는 것이 올바를까?

나 : 당연히 ❶로 두어야 한다. 백은 ②로 달아나야 하는데, 흑 ❸으로 막으면 백 두 점을 잡을 수 있다.

흑을 살리는 방법은?

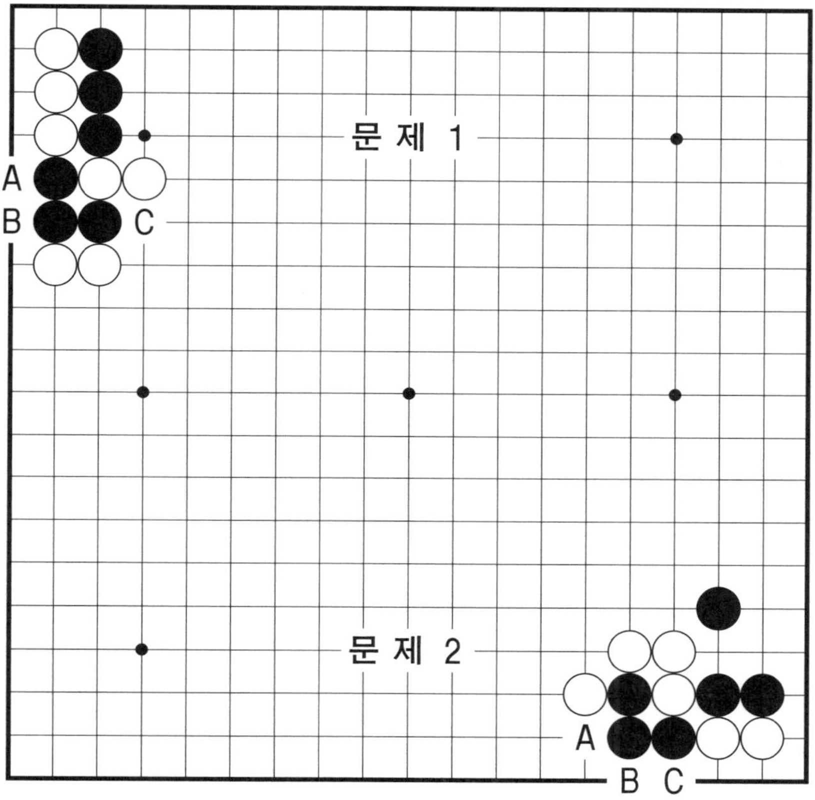

흑 석 점을 살리고자 한다. A~ C 중 올바른 진출로는 어디일까?

문제 2 활로를 넓히려면?

흑 석 점이 위기에 처해 있다. 흑은 진출로를 모색해야 하는데, A~ C 중 올바른 응수법은?

해답 1, 2

해답 1

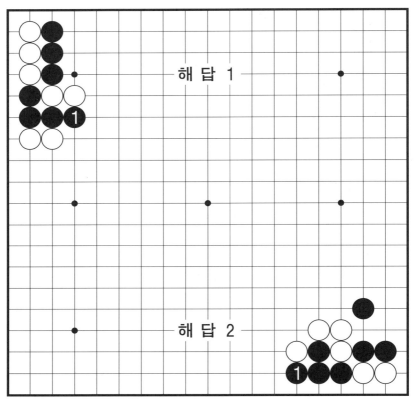

흑❶로 달아나야 한다. 이제 이 흑돌이 잡힐 염려는 없다.

해답 2

흑❶로 두는 것이 올바르다. 이렇게 달아나면 귀의 백은 자동으로 죽게 된다.

문제 3

A

B

문제 4

B

A

문제 3 올바른 보강법은?

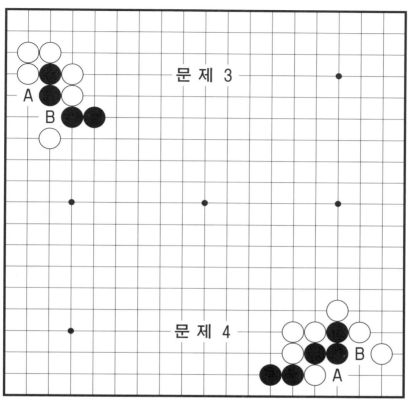

흑 두 점을 살리고자 한다. 어떻게 두는 것이 활로를 최대한 넓히는 수일까?

활로를 넓히는 방법은?

흑 석 점이 잡힐 위기에 처해 있다. 어떻게 두는 것이 최선일까?

해 답 3

해 답 4

해답 3

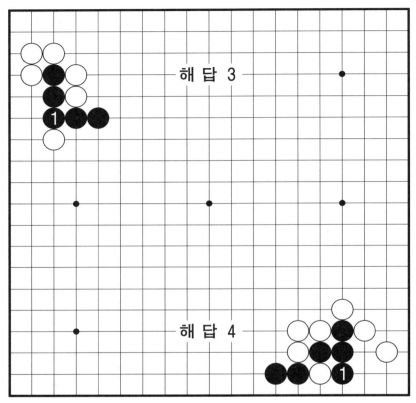

흑❶로 잇는 것이 중요하다. 이제 흑돌은 활로가 상당히 넓어졌다.

해답 4

흑❶로 단수를 만들면서 활로를 넓혀야 한다. 도리어 백 한 점을 잡고서 위기를 모면했다.

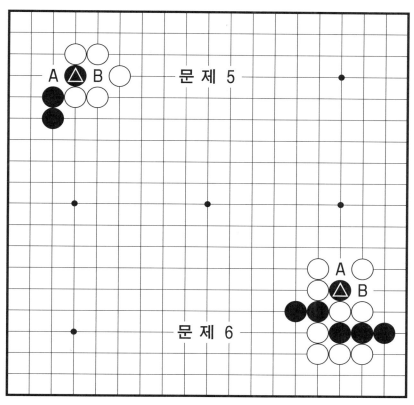

문제 5 활로를 넓히는 방법은?

흑▲ 한 점을 살리고자 한다. A와 B 중 활로를 넓히는 방법은?

문제 6 올바른 방향은?

흑▲ 한 점이 잡힐 위기에 처해 있다. A와 B 중 어느 쪽으로 활로를 모색해야 할까?

해답 5, 6

해답 5

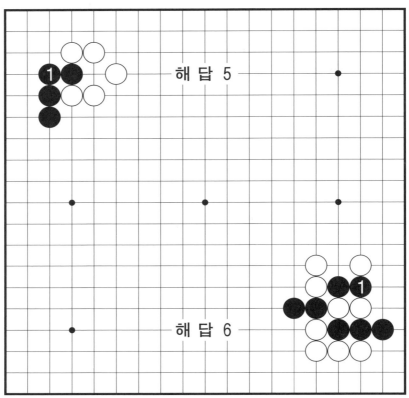

흑❶로 잇는 것이 중요하다. 흑 넉 점은 상당히 넓은 활로를 가지고 있기 때문에 더 이상 공격받을 가능성이 없다.

해답 6

흑❶로 두는 것이 올바르다. 흑❶로 두는 순간 도리어 백 두 점이 잡히게 되었다.

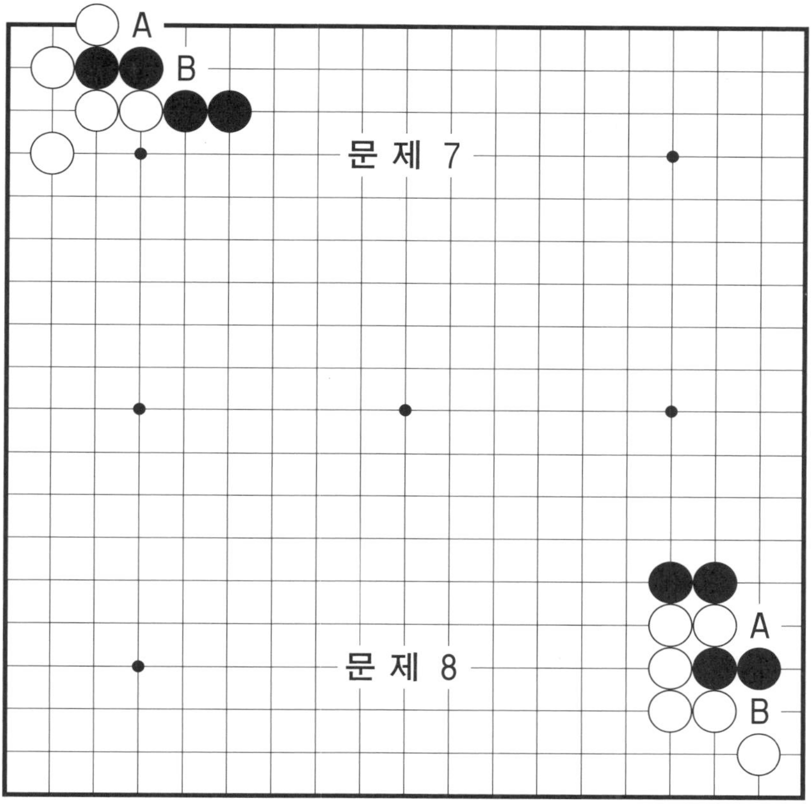

문제 7 올바른 응수법은?

흑 두 점이 잡힐 위기에 처해 있다. A와 B 중 어떻게 응수하는 것이 최선일까?

문제 8 흑 두 점의 생사는?

흑 두 점이 잡힐 위기에 처해 있다. 흑은 A와 B 중 어느 곳으로 활로를 넓혀야 할까?

해답 7, 8

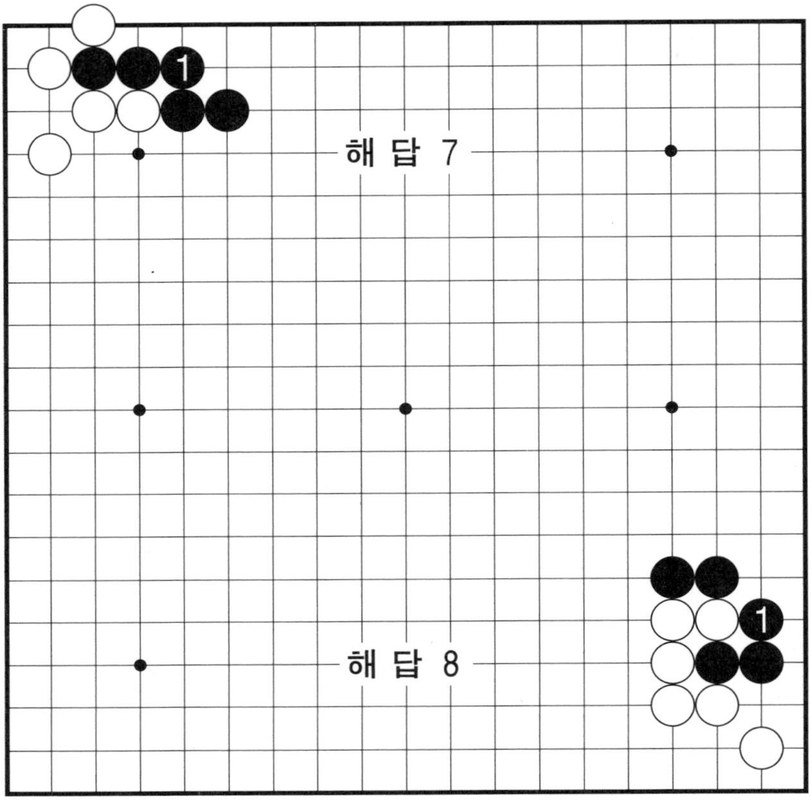

해답 7

해답 8

해답 7

흑❶로 잇는 것이 중요하다. 이렇게 이어 두면 흑돌의 활로가 상당히 넓어졌다.

해답 8

흑❶로 연결해야 한다. 이제 이 흑돌이 잡힐 염려는 없다.

문제 9

문제 10

문제 9 활로를 넓히는 수는?

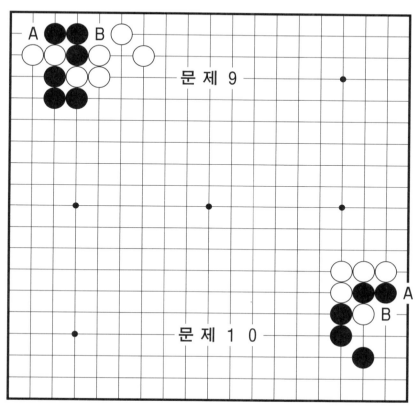

흑 석 점의 활로를 넓히고 싶다. A와 B 중 어느 쪽으로 활로를 넓히는 것이 올바를까?

문제 10 흑 두 점의 활로는?

흑 두 점의 활로를 넓히고 싶다. A와 B 중 올바른 응수법은?

문제 9

문제 10

해답 9

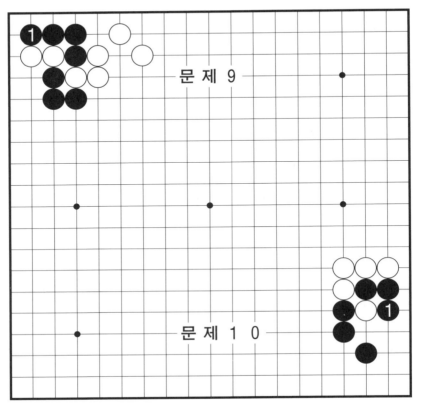

흑❶로 두는 것이 올바르다. 흑❶로 두는 순간 아래 쪽의 백 두 점의 활로는 2개로 줄어든 모습이다.

해답 10

흑❶로 두어야 한다. 흑❶로 두는 순간 백 한 점이 잡힌 형태가 되었다.

제 2 장 공격의 기본은 단수

1. 단수의 방향

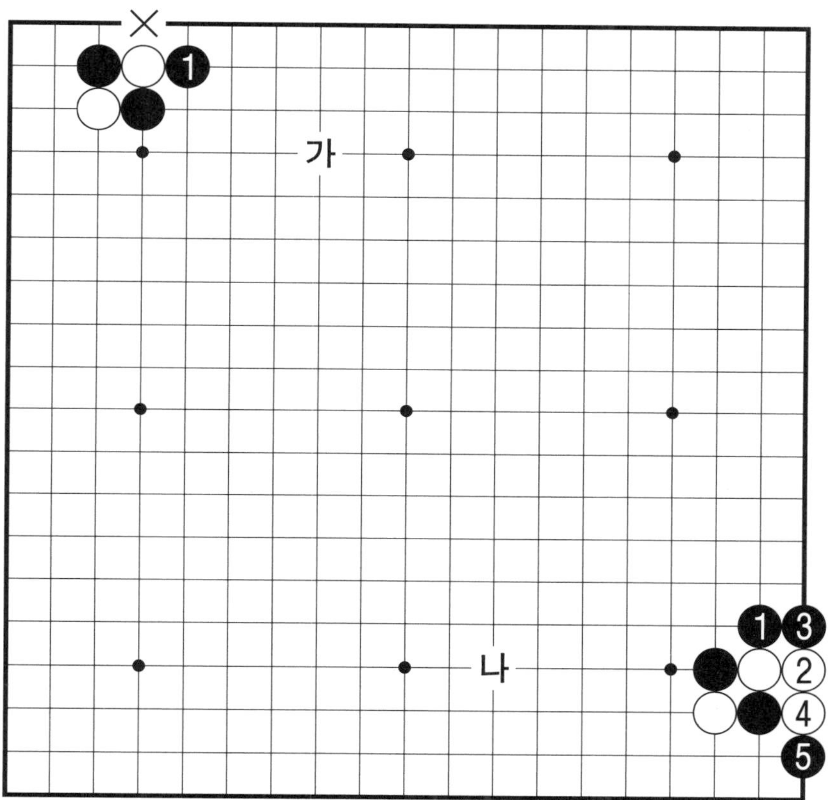

(그림 1) 단수의 정의

가 : 활로가 1개뿐인 형태를 바둑 용어로 '단수'라고 부른다. 흑❶로 두는 순간 백 한 점은 활로가 ×로 표시한 1개의 단수 형태가 되었다.

나 : 활로가 1선으로 한정된 경우에는 더 이상 활로를 넓힐 수가 없다. 그런 의미에서 흑❶로 단수하는 순간 백 한 점은 잡히게 된다. 백②로 달아나도 흑❸으로 또다시 단수를 만들면 백이 잡히게 된다.

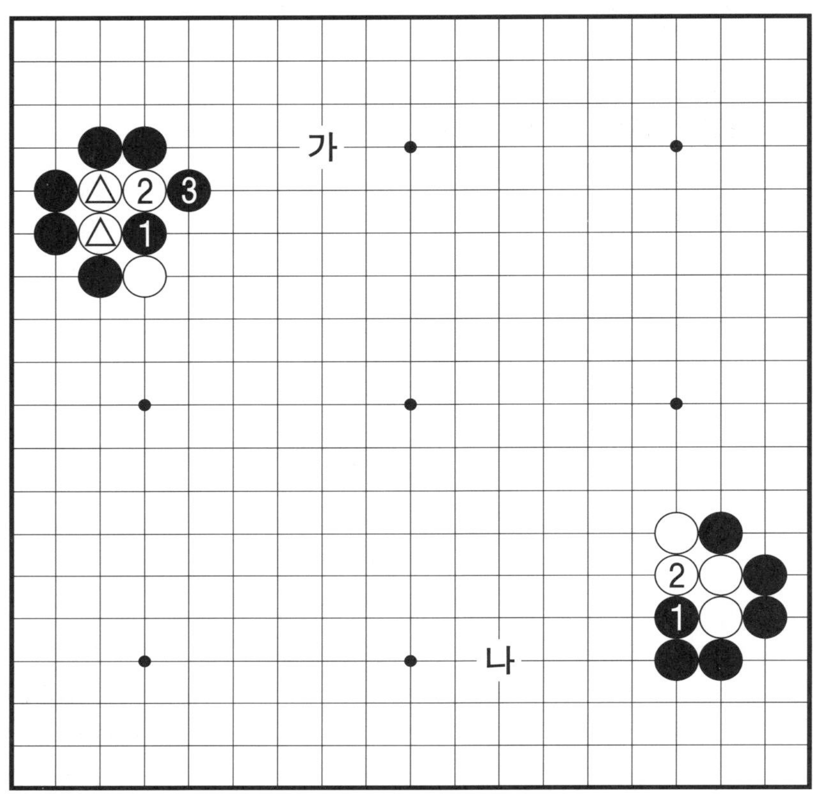

(그림 2) 단수의 방법

가 : 이와 같은 경우 흑은 ❶로 단수하는 것이 좋다. 백◬ 두 점은 백②로 달아나도 흑❸으로 막는 순간 모두 잡히고 만다. 백②와 같은 수는 두지 않는 것이 좋다.

나 : 흑❶로 단수하는 것은 백②로 두는 순간 백의 활로가 대폭 늘어나게 된다. 흑이 이 백돌을 잡기란 거의 불가능해졌다.

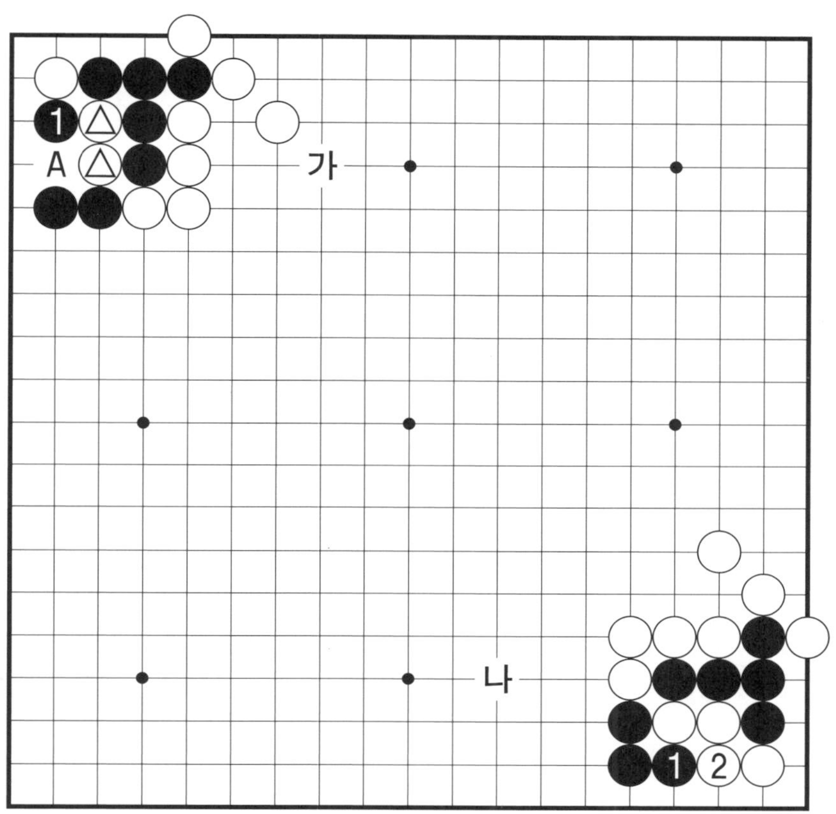

(그림 3) 응원군을 활용

가 : 백◬ 두 점을 잡기 위해선 흑❶로 단수하는 것이 중요하다. 계속해서 백◬ 두 점은 A로 달아날 수 없다.

나 : 흑❶로 단수하는 것은 백②로 잇게 해서 실패이다. 이후는 도리어 흑이 잡힌다.

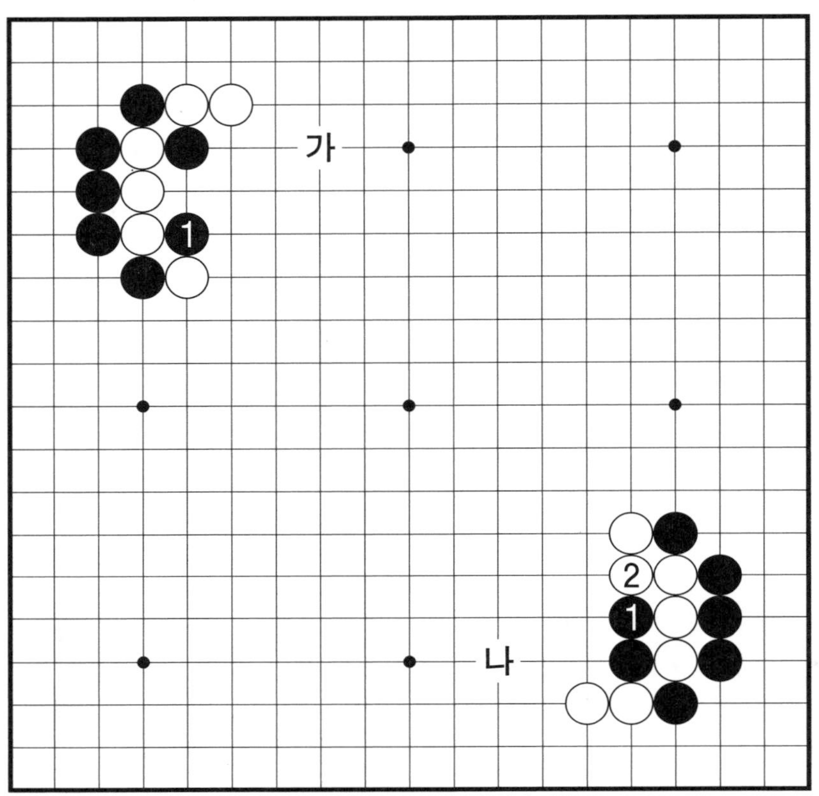

(그림 4) 단수의 방법

가 : 흑❶로 단수하는 것이 좋은 수임을 이제 알았을 것이다. 백 석 점은 달아날 수 없는 모습이다.

나 : 물론 흑❶로 단수하는 것은 안 된다. 백②로 두는 순간 백을 공격하기는 영영 불가능하다.

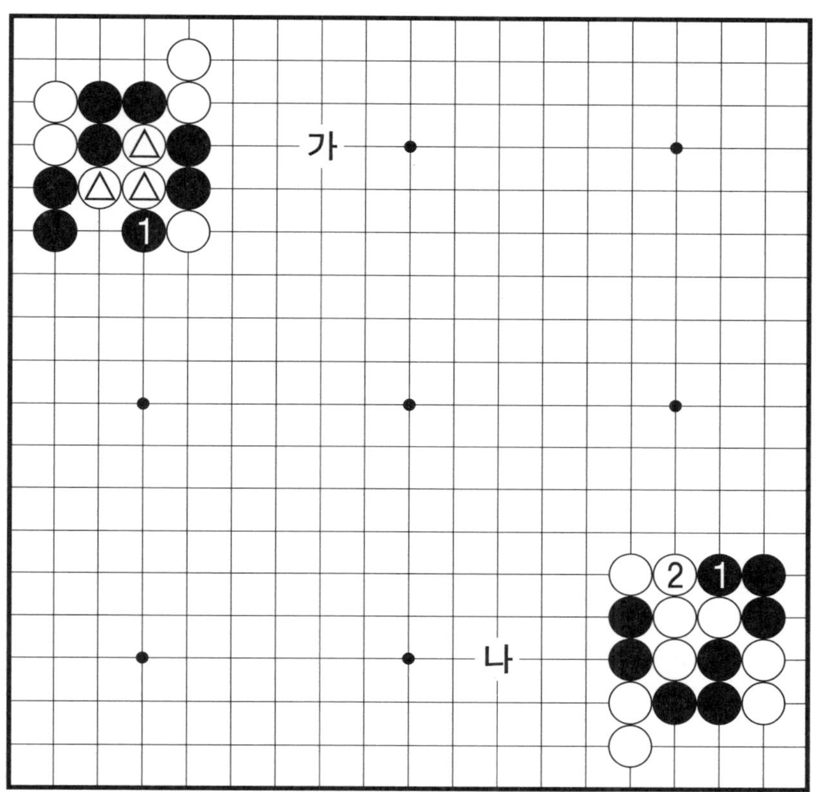

(그림 5) 유사형

가 : 흑❶로 단수하는 것이 백◬ 석 점을 잡는 방법이다. 이후 백은 죽음을 맞이할 수밖에 없다.

나 : 물론 흑❶로 단수하는 것은 실수이다. 백②로 두는 순간 흑이 도리어 잡히고 만다.

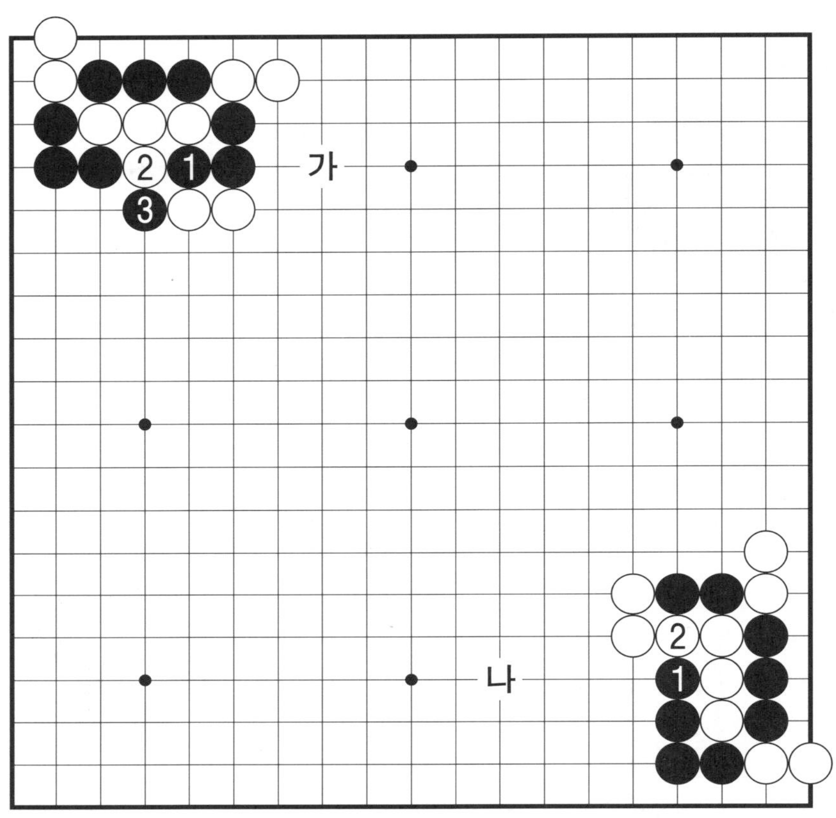

(그림 6) 단수 방법

가 : 흑❶로 단수하면 백 석 점을 잡을 수 있다. 백②로 달아나는 것은 무모하다. 흑❸으로 막아서 백이 잡힌 모습이다.

나 : 흑❶로 단수하는 것은 백②로 연결하는 수가 성립한다. 이후는 흑이 도리어 잡히고 만다.

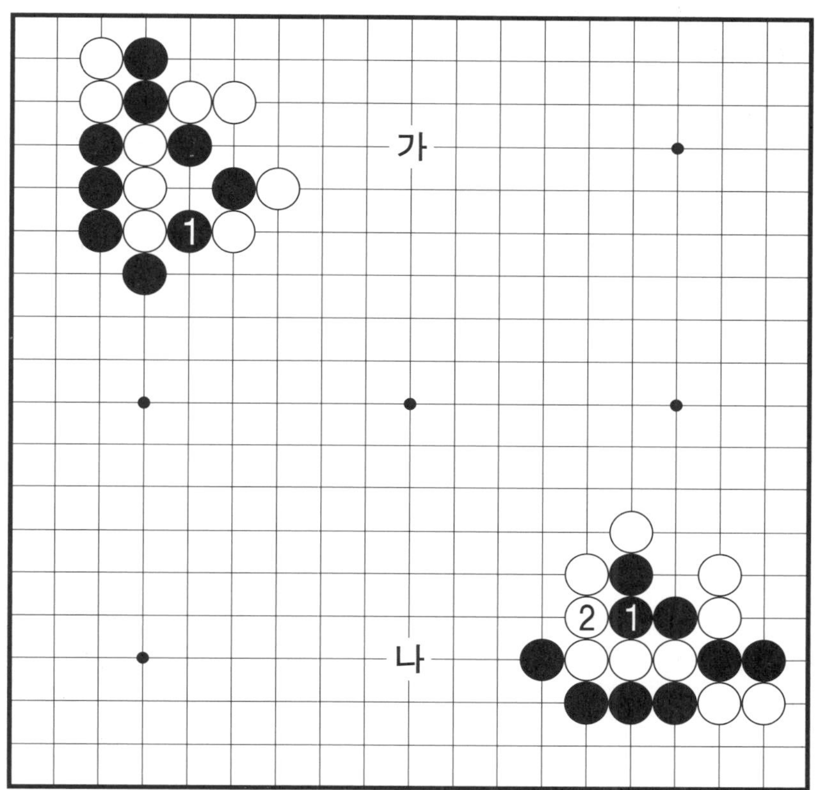

(그림 7) 올바른 단수

가 : 이 경우 흑은 ❶로 단수하는 것이 올바르다. 이후 백은 석 점을 살릴 방법이 없다.

나 : 흑❶로 단수하는 것은 백②로 이어서 도리어 흑이 잡힌 꼴이 되고 말았다.

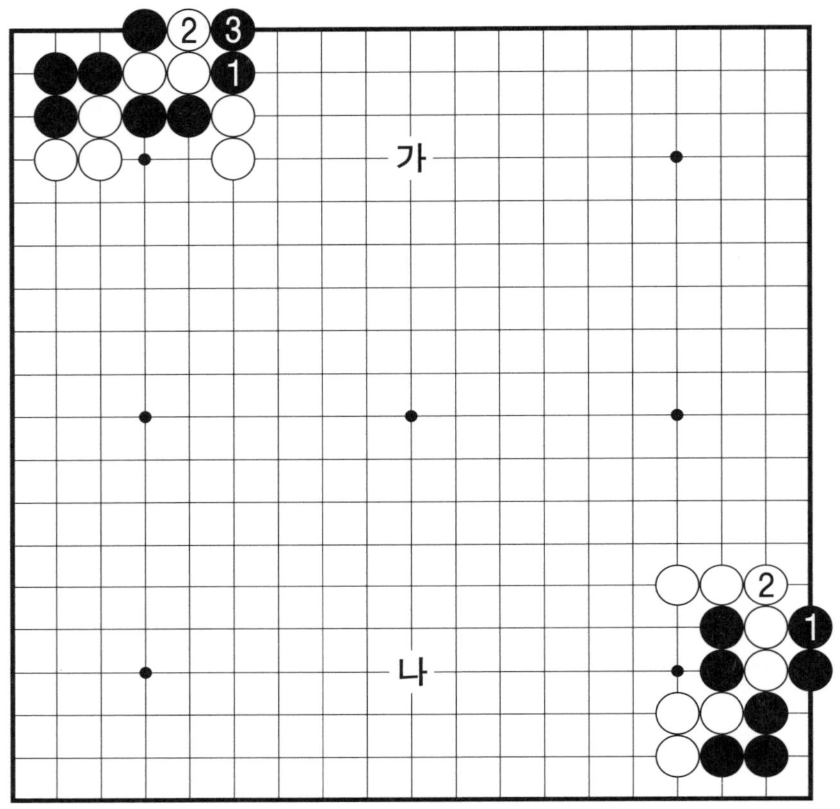

(그림 8) 2선 단수

가 : 흑이 백 두 점을 잡기 위해선 ❶로 단수해야 한다. 백은 1선에 활로가 한정된 모습이라 살릴 수 있는 방법이 없다. 백②로 달아나도 흑❸으로 따내면 그만이다.

나 : 흑❶로 단수하는 것은 중대한 실수이다. 백②로 연결하고 나면 도리어 흑 두 점이 잡히고 말았다.

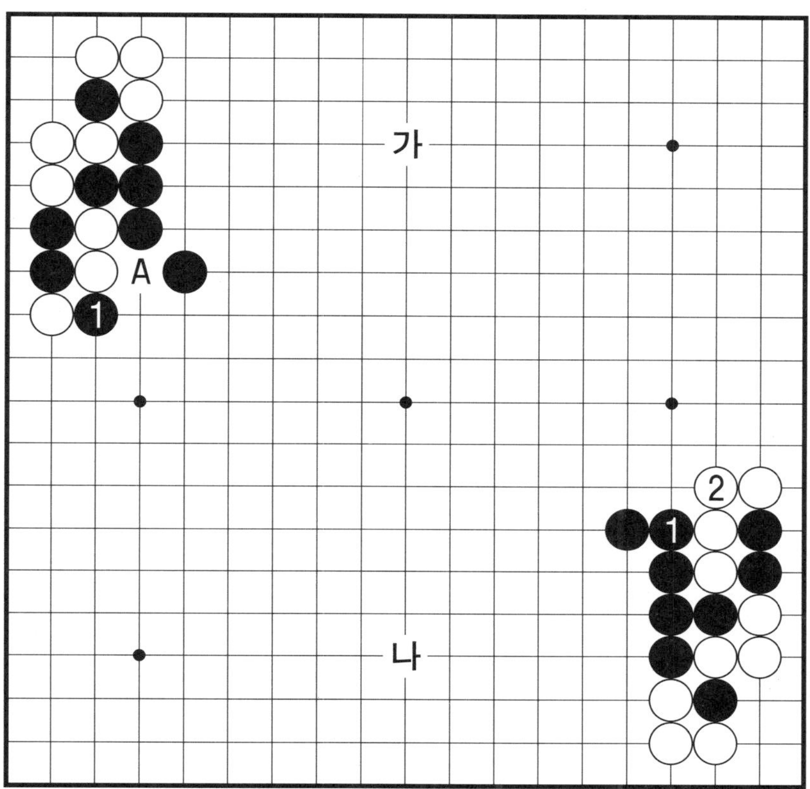

(그림 9) 공격의 방향

가 : 이 경우 흑은 ❶로 단수해야 한다. 이후 백은 A로 달아날 수 없다. 결국 죽음이라는 결론이다.

나 : 흑❶로 단수하는 것은 명백한 방향 착오이다. 백②로 연결하는 순간 흑이 도리어 잡히고 만다.

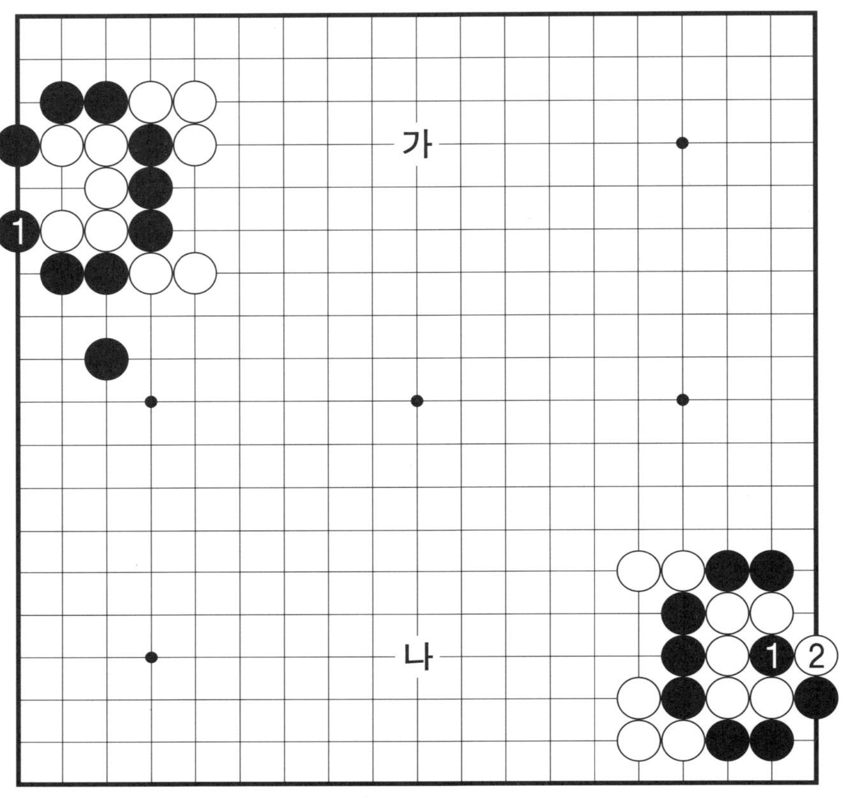

(그림 10) 단수의 방법

가 : 이와 같은 형태라면 흑은 ❶로 단수해야 한다. 백은 더 이상 활로를 넓힐 수 없는 모습이다.

나 : 흑❶로 단수하는 것은 자살 행위이다. 백은 ②로 따내게 된다. 이후는 흑의 죽음만이 기다릴 뿐이다.

문제 1

A

B

B

문제 2

A

문제 1 올바른 단수는?

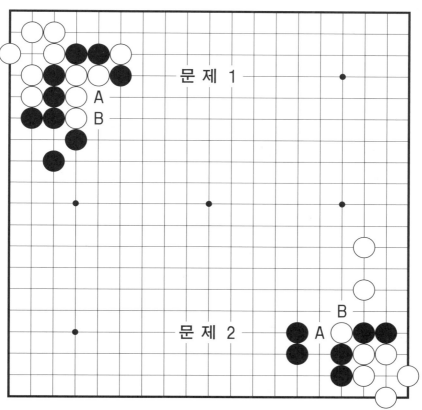

백 넉 점을 잡기 위해서는 어떻게 단수를 만들어야 할까(A와 B 중 선택)?

문제 2 단수의 방향은?

백 한 점을 잡기 위해서는 단수의 방향이 특히 중요하다. A와 B 중 어디에 두어야 할까?

해 답 1

해 답 2

해답 1

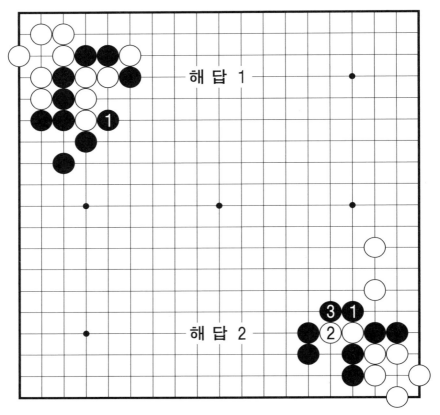

흑❶로 단수하는 것이 중요하다. 백 넉 점은 더 이상 달아나기 힘들다.

해답 2

흑❶로 단수하는 것이 정답이다. 백②로 달아나도 흑❸으로 단수하면 더 이상 응수가 없다.

문제 3 올바른 선택법은?

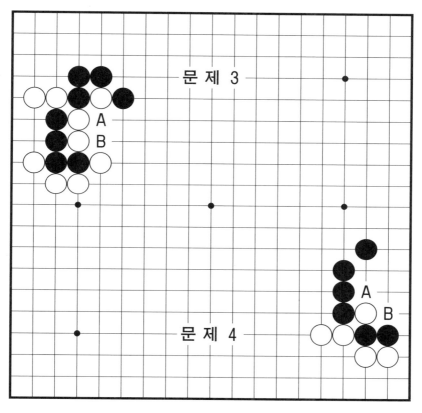

서로가 복잡하게 얽혀 있는 모습이다. 흑은 어떻게 응수하는 것이 최선일까(A와 B 중 선택)?

문제 4 단수의 방향은?

백 한 점을 잡기 위해서는 단수의 방향이 특히 중요하다. 이 경우 올바른 단수법은(A와 B 중 선택)?

해 답 3

해 답 4

해답 3

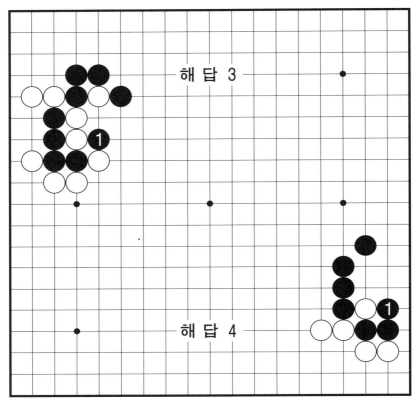

흑❶로 단수해야 한다. 백 석 점은 더 이상 달아나기 힘든 모습이다.

해답 4

흑❶로 단수하는 것이 올바른 방향이다. 이 곳을 백에게 허용하면 반대로 흑이 잡히고 만다.

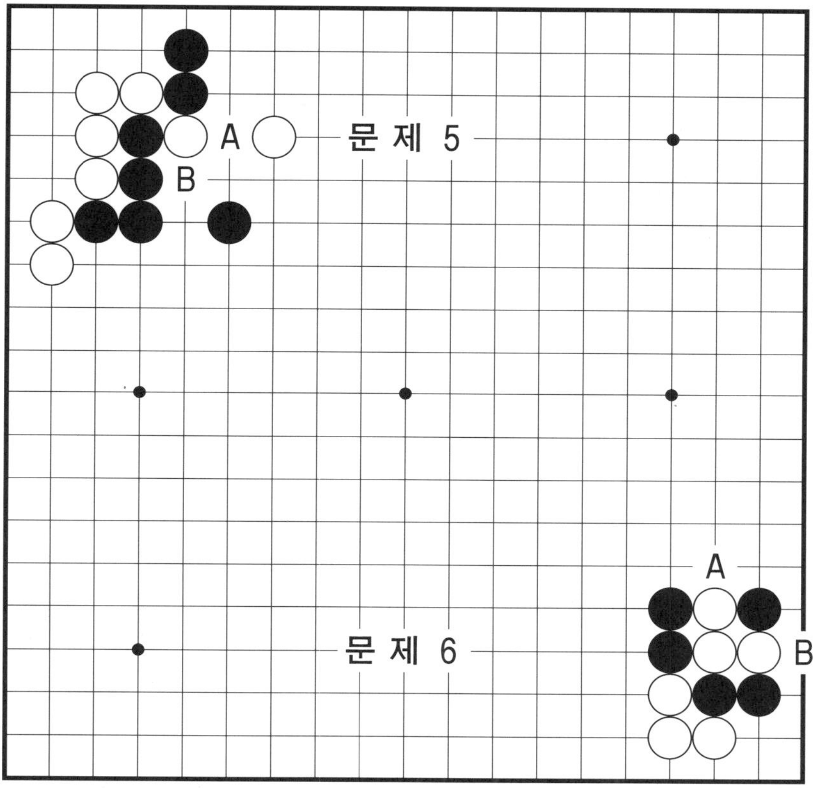

문제 5 연결을 방해

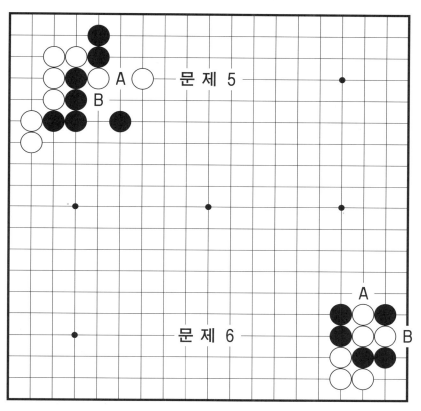

상대의 돌을 잡기 위해서는 연결하지 못하도록 막는 것이 중요하다. 올바른 단수법은(A와 B 중 선택)?

문제 6 백 석 점을 공격

흑이 백 석 점을 공격하고자 한다. 올바른 단수의 방향은(A와 B 중 선택)?

해 답 5

해 답 6

해답 5

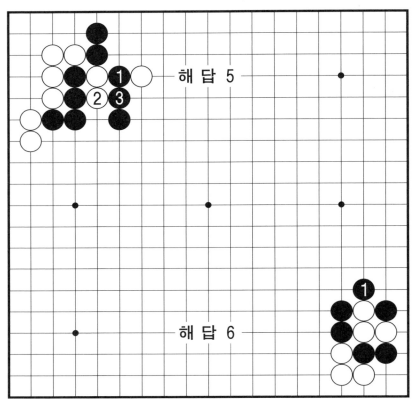

흑❶로 단수해서 백의 연결을 방해해야 한다. 백②로 달아나도 흑❸으로 차단하면 백을 잡을 수 있다.

해답 6

흑❶로 단수해서 백의 활로를 1선으로 제한해야 한다. 백은 더 이상 달아나기 힘든 모습이다.

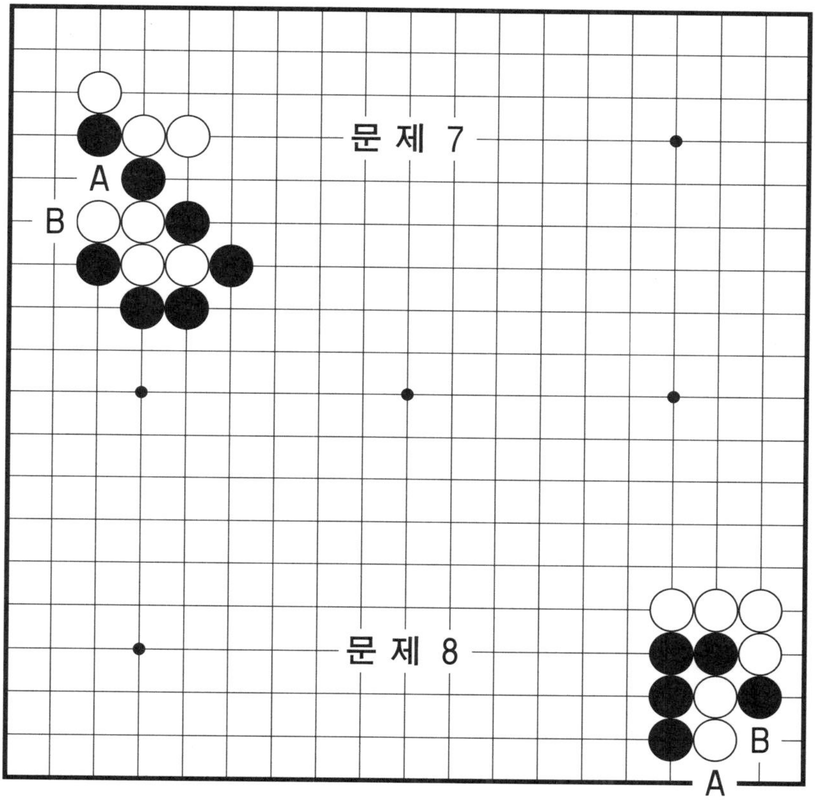

문제 7 응원군을 활용

흑은 백 넉 점을 잡고 싶다. 이 백돌을 잡기 위해선 응원군을 최대한 활용해야 한다(A와 B 중 선택).

문제 8 단수의 방향은?

백 두 점을 잡기 위해서는 단수의 방향이 매우 중요하다. 올바른 단수의 방향은(A와 B 중 선택)?

해답 7, 8

해 답 7

해 답 8

해답 7

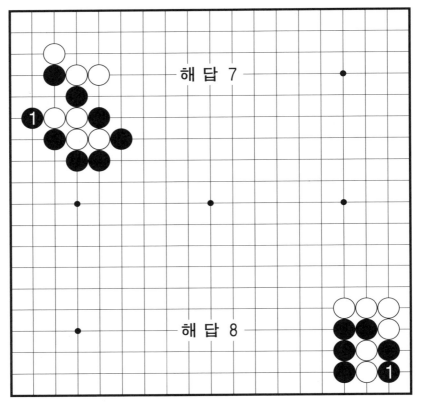

흑❶로 단수하는 것이 올바른 단수법이다. 흑의 응원군이 적절히 작용하여 백을 잡을 수 있는 모습이다.

해답 8

흑❶로 단수하는 것이 올바른 단수의 방향이다. 백의 활로는 1선으로 제한되어 잡히고 말았다.

A B 문제 9

A B 문제 10

문제 9 단수의 방법은?

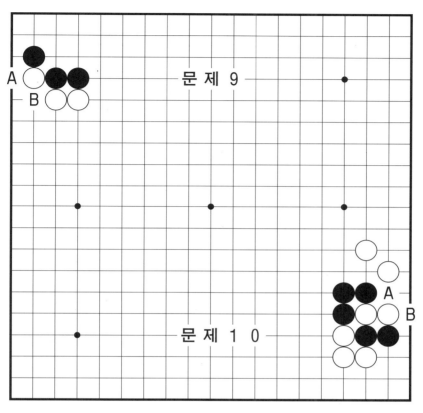

흑은 백 한 점을 잡고 싶다. 과연 어느 곳으로 단수하는 것이 올바를까(A와 B 중 선택)?

문제 10 연결을 방해

흑이 백돌을 잡기 위해서는 상대를 연결시켜 주어서는 안 된다. 올바른 단수 방법은(A와 B 중 선택)?

해답 9

해답 10

해답 9

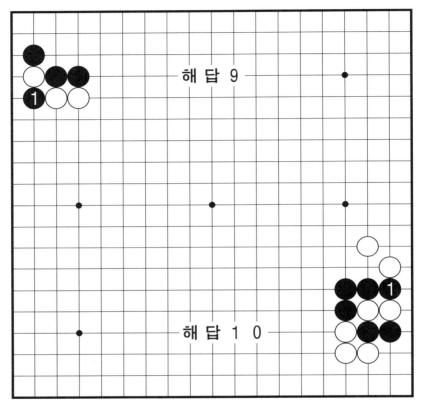

흑❶로 단수해야 한다. 백은 활로가 1선으로 제한되어 더 이상 달아날 수 없는 형태이다.

해답 10

흑❶로 단수하는 것이 올바른 방향이다. 반대로 단수하는 것은 백을 연결시켜 주어서 흑이 도리어 잡히고 만다.

2. 서로가 단수인 형태

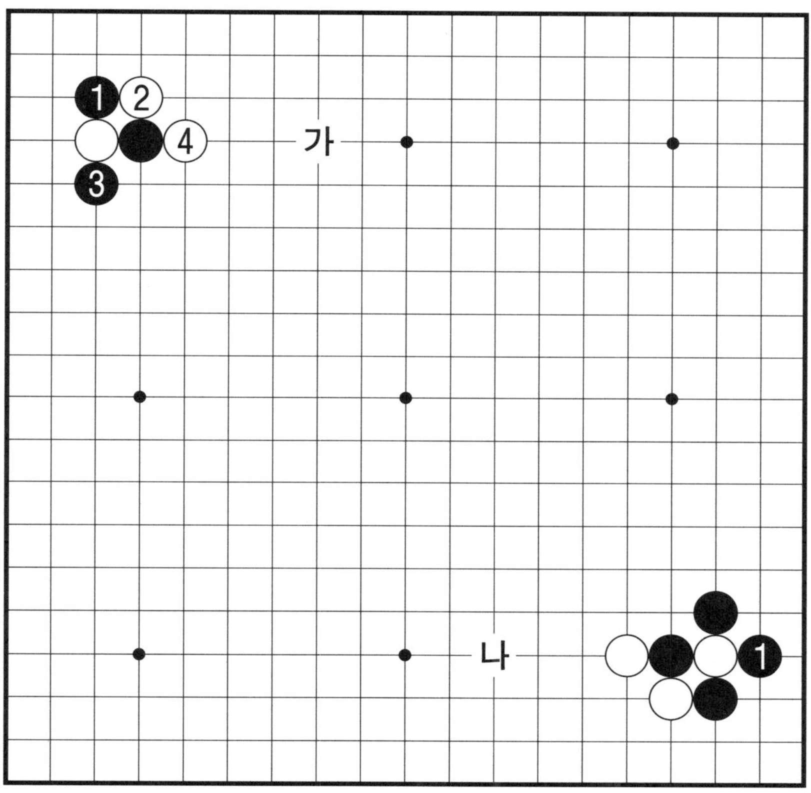

(그림 1) 서로가 단수

가 : 흑이 ❶, ❸으로 두어서 백의 활로를 막자 백도 ②, ④로 두어 단수를 만든 형태이다. 이 형태는 서로가 단수를 만든 모습인데, 흑은 어떻게 두어야 할까?

나 : 당연히 흑은 ❶로 따내야 한다. 이처럼 서로가 단수가 된 형태에서는 먼저 따내는 쪽이 무조건 유리하다.

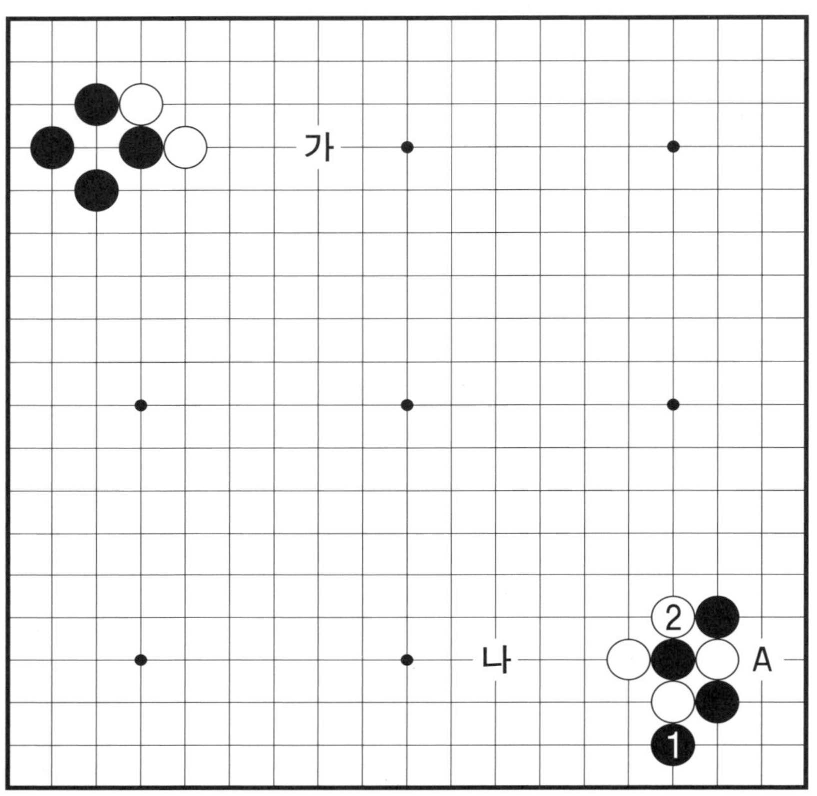

(그림 2) 차이점

가 : 흑이 백 한 점을 따낸 이후의 형태이다. 이 형태는 백이 더 이상 흑을 잡기가 어려워졌다. 물론 흑이 유리한 것은 당연하다.

나 : 흑이 A에 두어 백 한 점을 따내지 않고 ❶로 두는 것은 좋지 않다. 백은 ②로 두어 흑 한 점을 따낼 것이다. 이 결과는 도리어 흑이 불리해졌다.

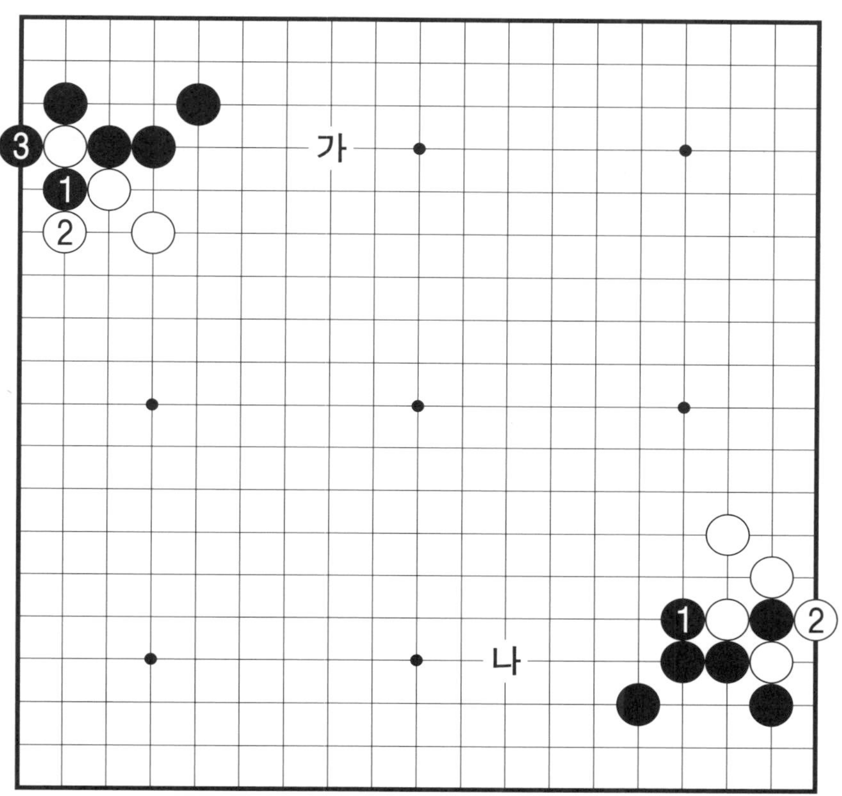

(그림 3) 당연한 따냄

가 : 흑❶로 단수를 만들었을 때 백이 ②로 둔다면 흑은 무조건 ❸으로 따내야 한다. 이처럼 서로가 단수인 경우에는 먼저 따내는 쪽이 유리하다.

나 : 흑이 한 점을 따내지 않고 ❶로 둔다면 백②로 따내는 수가 좋은 수가 된다. 흑은 한 점을 따낼 수 있었음에도 불구하도 도리어 자신의 돌을 죽인 꼴이 되고 말았다.

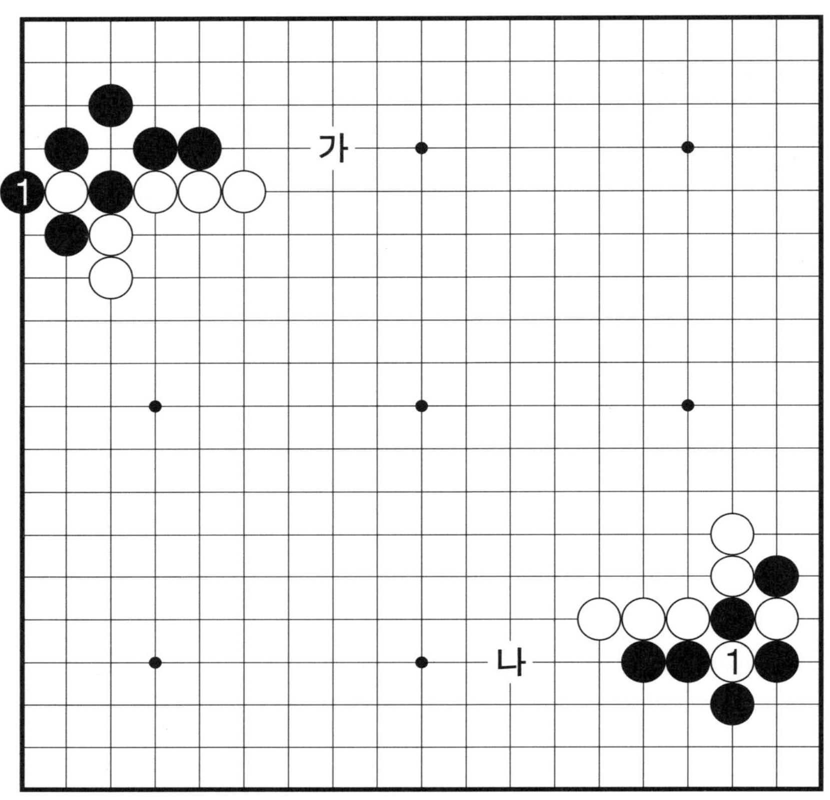

(그림 4) 따냄의 가치

가 : 이 형태 역시 자세히 보면 서로가 단수가 된 모습이다. 흑은 물론 ❶로 두어서 백 한 점을 따내야 한다.

나 : 백이 먼저 둔다면 ①로 두는 것이다. 이 형태는 패가 되어 흑이 곧장 따낼 수 없는 모습이다.

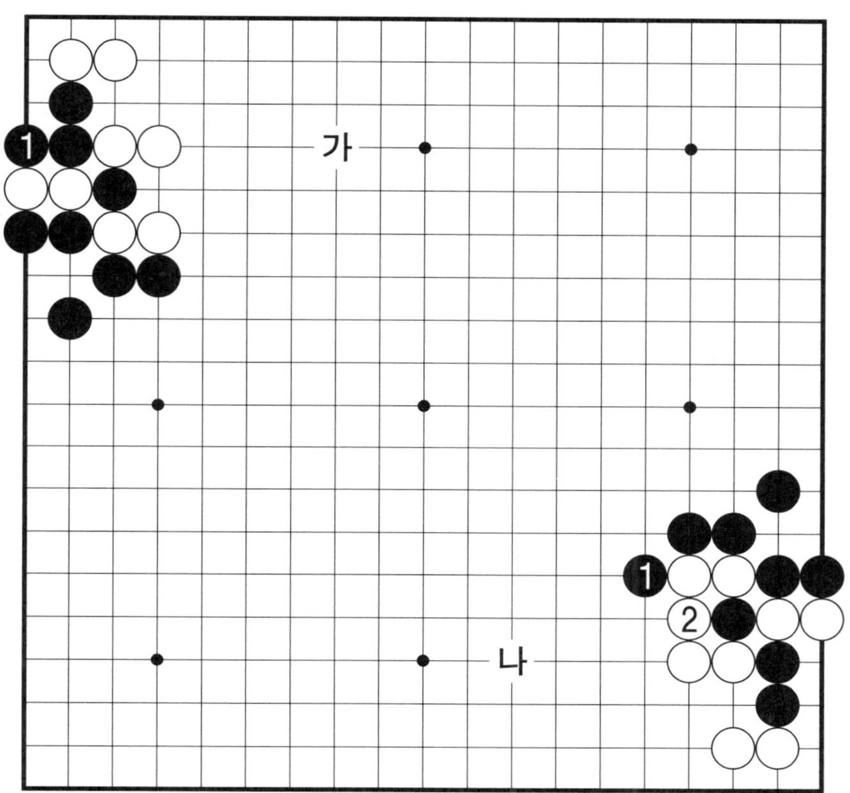

(그림 5) 서로가 단수

가 : 이 형태 역시 서로가 단수가 된 모습이다. 흑은 시급히 ❶로 두어 백 두 점을 따내야 한다.

나 : 흑이 백 두 점을 따내지 않고 또다시 ❶로 두어 단수를 만드는 것은 무모하다. 백은 ②로 두어 흑 한 점을 따낼 것이다.

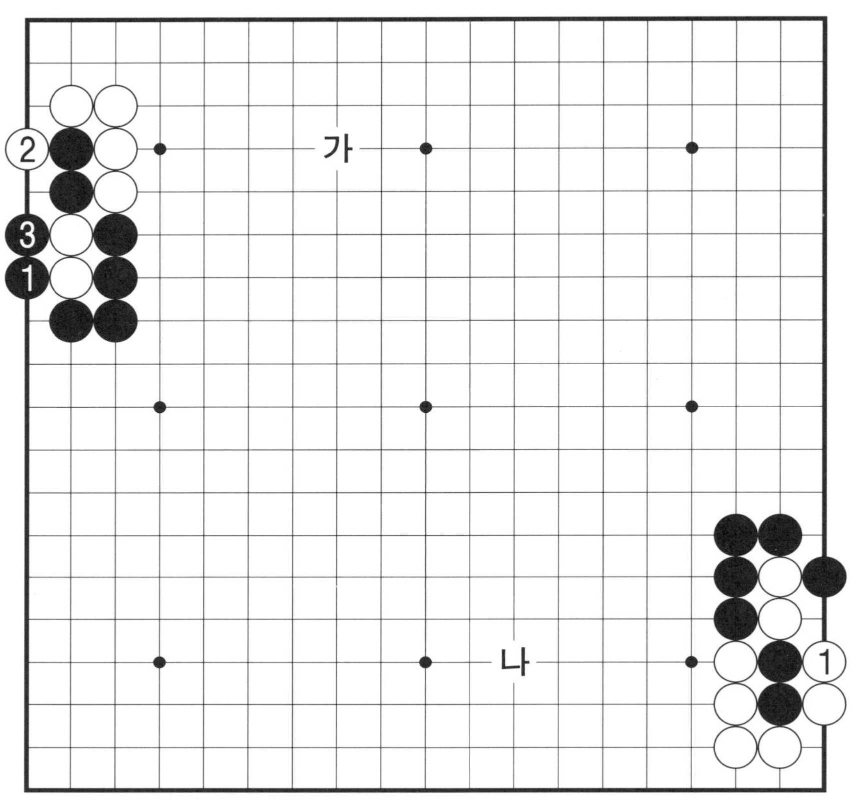

(그림 6) 두 점 단수

가 : 흑❶, 백②까지 흑 두 점과 백 두 점이 서로 단수가 된 형태이다. 흑은 먼저 따낼 수 있는 권리가 있는 만큼 시급히 ❸으로 따내야 한다.

나 : 흑이 이 곳을 방치한다면 백이 ①로 두어 흑 두 점을 따낼 것이다.

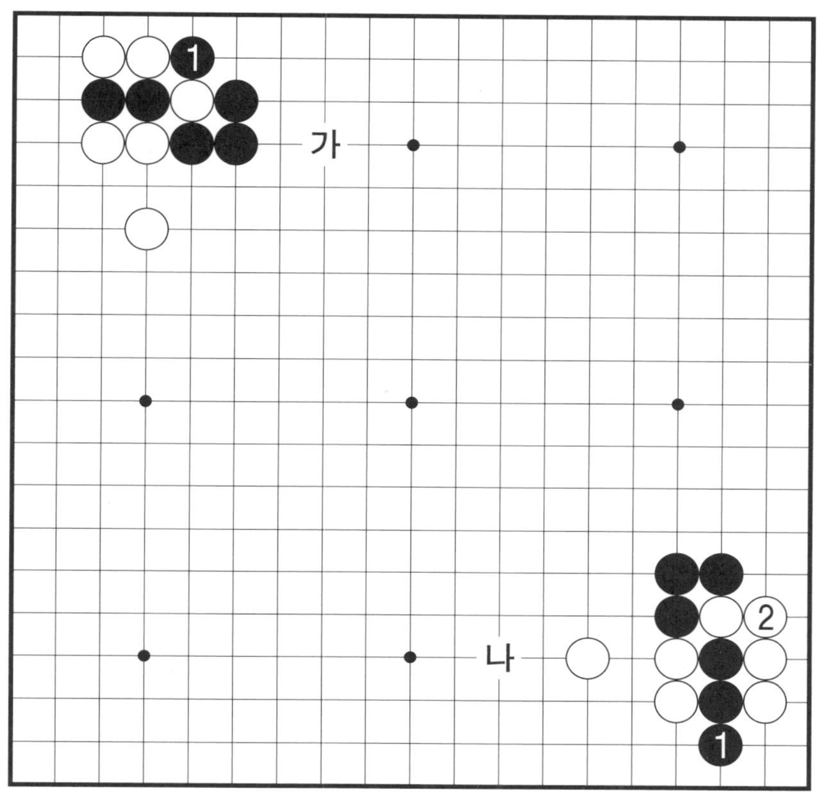

(그림 7) 따내는 것이 중요

가 : 이 형태 역시 서로가 단수가 된 모습이다. 흑은 시급히 ❶로 두어서 백 한 점을 따내야 한다.

나 : 흑이 백 한 점을 따내지 않고 ❶로 달아나는 것은 이 경우 좋지 않다. 백이 ②로 두고 나면 도리어 흑이 잡힌 꼴이 되고 말았다.

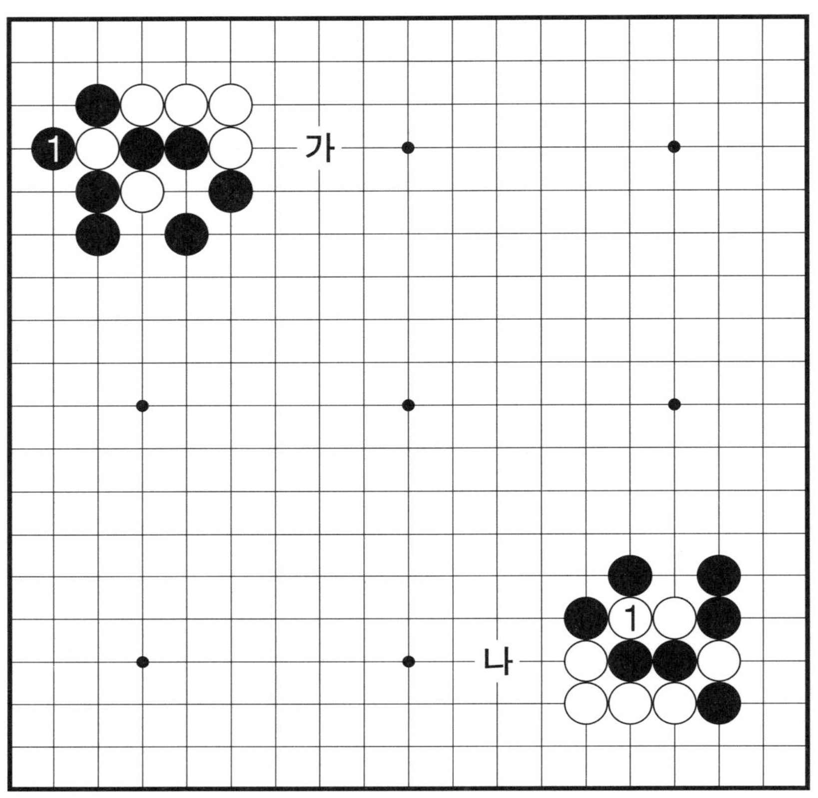

(그림 8) 시급한 따냄

가 : 이 형태 역시 흑이 먼저 둔다면 ❶로 따내는 것이다. 흑이 이 곳을 방치하게 되면…

나 : 백이 먼저 ①로 두어서 흑 두 점을 따낼 것이다. 흑 두 점이 잡혀서는 흑의 손해가 크다.

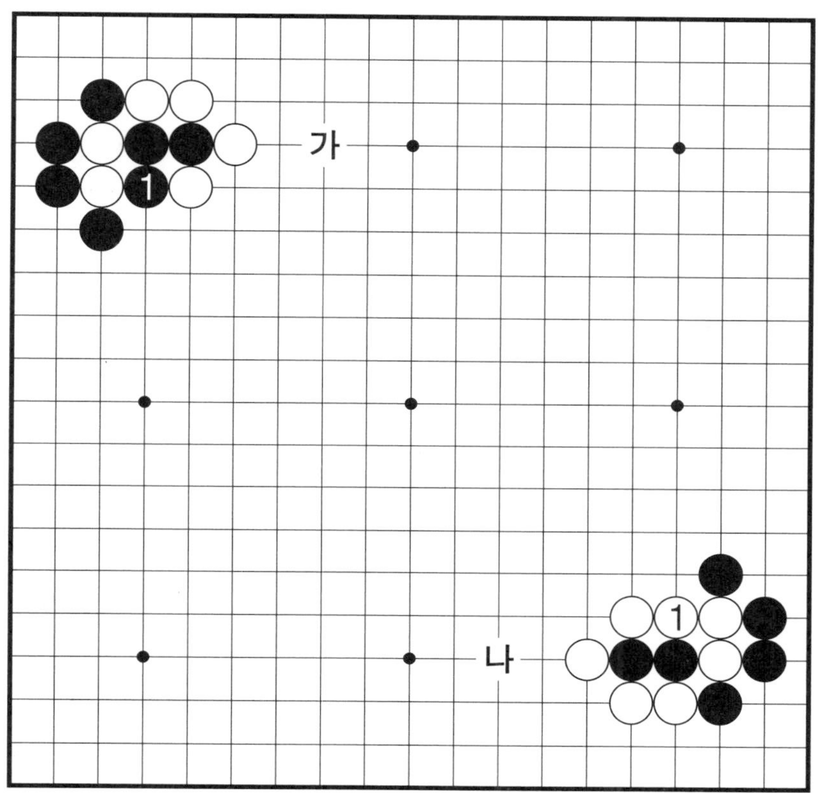

(그림 9) 급소 자리

가 : 흑❶이 백 두 점을 따내는 급소이다. 서로가 단수가 되어 있는 만큼 흑으로선 서둘러서 이 곳에 두어야 한다.

나 : 백이 먼저 둔다면 ①로 둘 곳이다. (가)의 형태와 반대로 이번엔 흑 두 점이 잡힌 결과가 되었다.

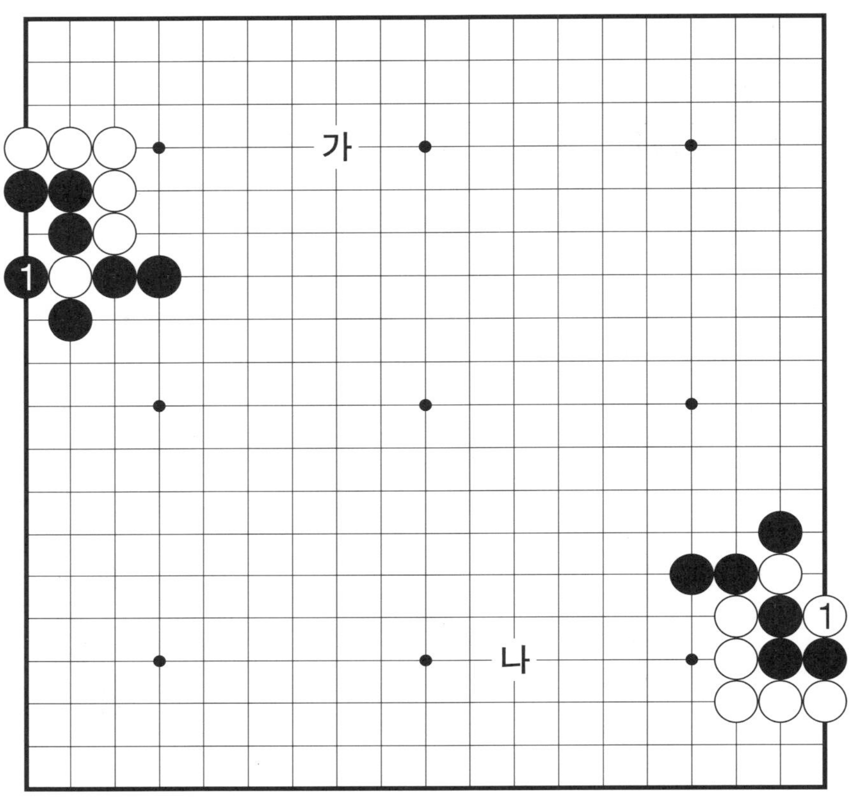

(그림 10) 따냄의 급소

가 : 흑 석 점과 백 한 점이 단수가 되어 있는 형태이다. 이 경우 흑이 먼저 둔다면 당연히 ❶로 두어서 백 한 점을 따내야 한다.

나 : 흑이 이 곳을 방치하면 백이 먼저 ①로 두어 흑 석 점을 따낼 것이다. 물론 흑의 손해가 크다.

흑의 응수는?

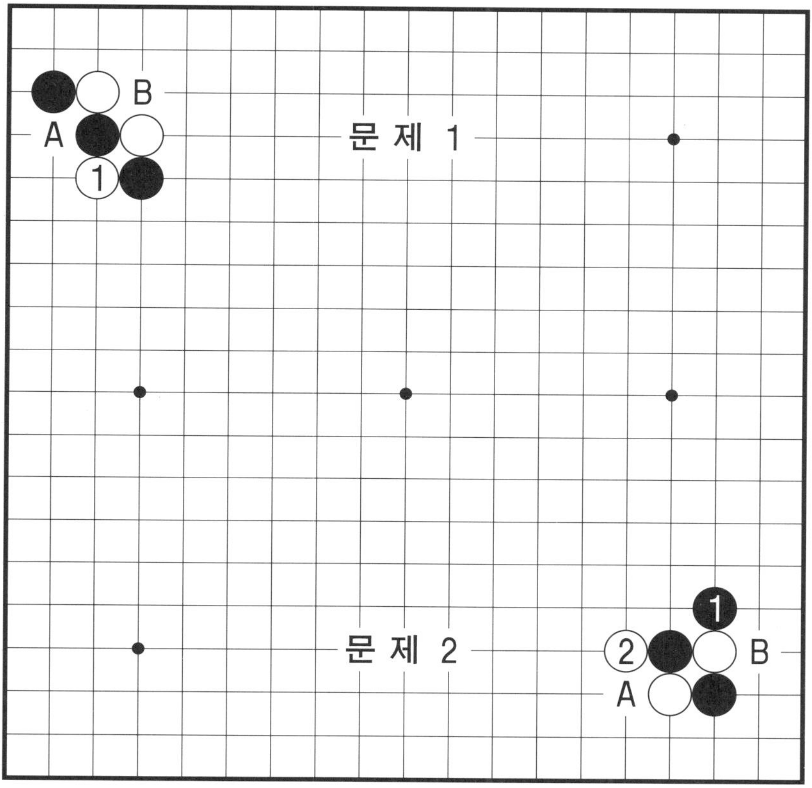

백①로 두었을 때 흑은 어떻게 응수하는 것이 최선일까(A와 B 중 선택)?

문제 2 백의 실수를 추궁

흑❶ 때 백②로 단수하는 것은 무리한 욕심이다. 백의 실수를 추궁하는 방법은(A와 B 중 선택)?

해답 1, 2

해답 1

해답 2

해답 1

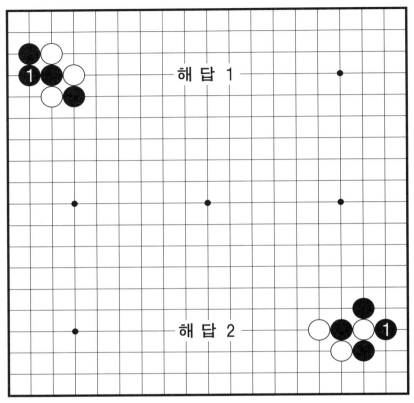

흑❶로 잇는 것이 시급하다. 단수가 되어 있는 만큼 흑은 시급하게 이 곳을 이어야 한다.

해답 2

흑❶로 따내는 수가 성립한다. 백으로선 이 곳을 잇는 것이 시급했었다.

문 제 3

문 제 4

문제 3 단수에 대한 응수법은?

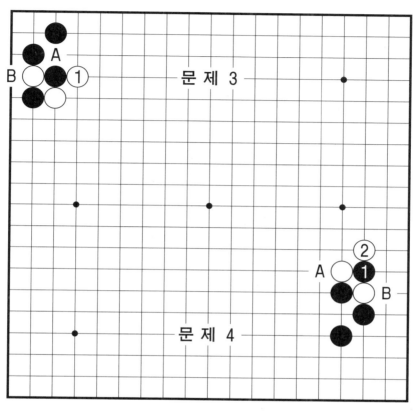

백①로 단수한 모습이다. 흑은 어떻게 응수하는 것이 최선일까(A와 B 중 선택)?

문제 4 흑의 응수 방법은?

흑❶로 단수하자 백도 ②로 단수를 만들었다. 계속해서 흑은 어떻게 두어야 할까(A와 B 중 선택)?

해 답 3

해 답 4

해답 3

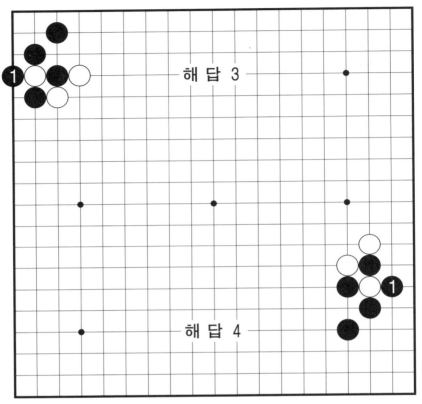

흑❶로 따내는 것이 올바른 응수법이다. 서로가 단수가 되어 있는 만큼 이처럼 먼저 따내야 한다.

해답 4

흑❶로 두면 백을 먼저 따낼 수 있다.

문제 5

문제 6

문제 5 흑의 응수법은?

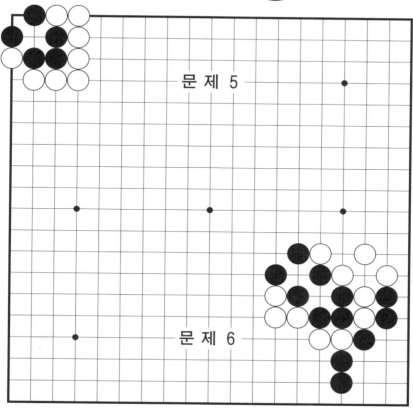

서로가 단수가 되어 있는 상태이다. 그렇다면 흑은 어떻게 두어야 할까?

문제 6 백을 따내는 방법은?

모양을 자세하게 살펴보면 서로가 단수가 되어 있는 것을 발견할 수 있을 것이다. 백을 따내는 수는?

해답 5, 6

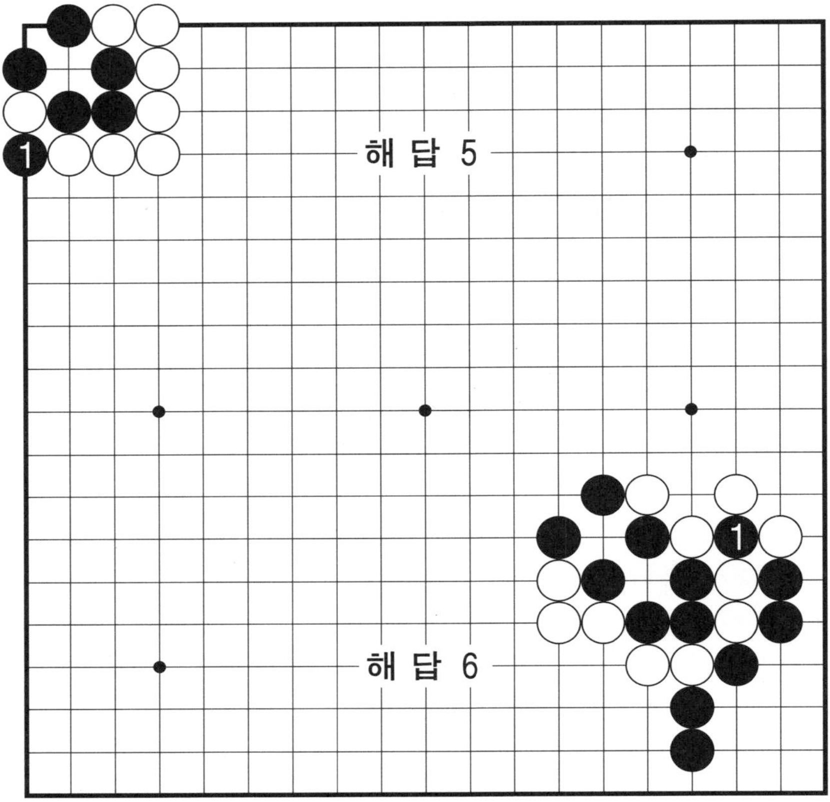

해답 5

해답 6

해답 5

흑❶로 따내는 것이 중요하다. 흑은 손을 떼면 백이 먼저 흑 석 점을 따낼 것이다.

해답 6

흑❶로 백 두 점을 따내는 수가 성립한다. 이 수 외에 다른 곳에 두면 흑이 도리어 잡히고 만다.

문 제 7

문 제 8

문제 7 서로가 단수

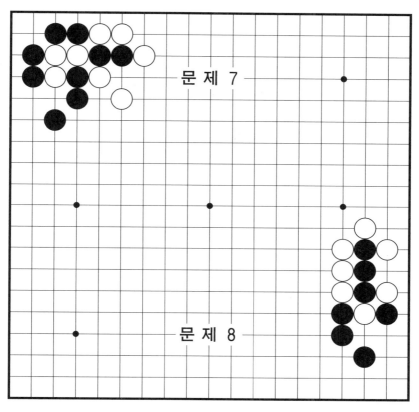

서로가 단수 상태이다. 흑은 어느 곳에 두어야 백 석 점을 잡을 수 있을까?

문제 8 흑의 최선

모양을 자세히 살펴보면 흑과 백이 서로 단수 상태인 것을 알 수 있을 것이다. 그렇다면 흑의 응수법은?

해답 7, 8

해답 7

해답 8

해답 7

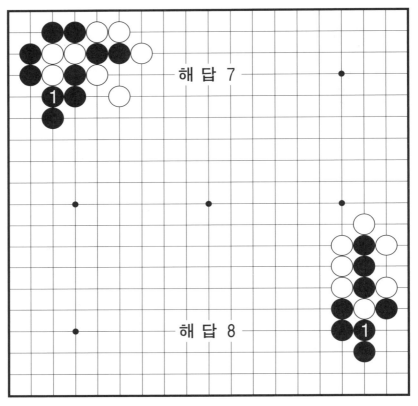

흑❶로 두면 백 석 점을 먼저 따낼 수 있다.

해답 8

흑❶로 두어서 백 한 점을 따내야 한다. 이 곳을 방치하면 백이 먼저 흑 석 점을 따낼 것이다.

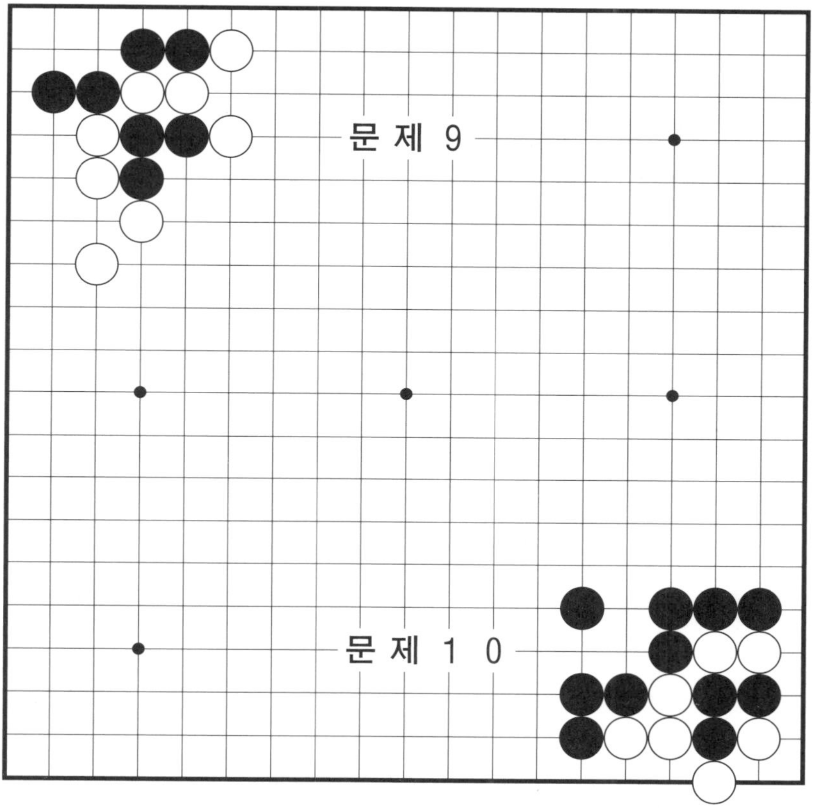

문제 9 흑의 응수 방법은?

모양을 정확히 살펴서 흑이 어떻게 두는 것이 최선인지 결정해야 한다.

문제 10 서로가 단수 형태

흑과 백이 서로가 단수 형태이다. 흑은 백을 먼저 따내야 하는데, 어느 곳이 정답일까?

해답 9

해답 10

해답 9

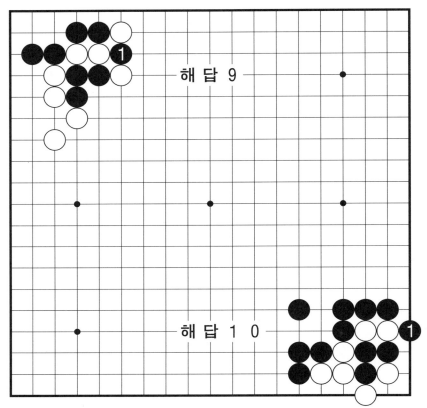

흑❶로 따내는 수가 성립한다. 흑이 이 곳을 방치하면 백이 먼저 흑 석 점을 따낼 것이다.

해답 10

흑❶로 두 점을 따내는 것이 중요하다. 서로가 단수되어 있는 형태인 만큼 흑은 이처럼 재빨리 백돌을 따내야 한다.

3. 달아날 수 있느냐 없느냐?

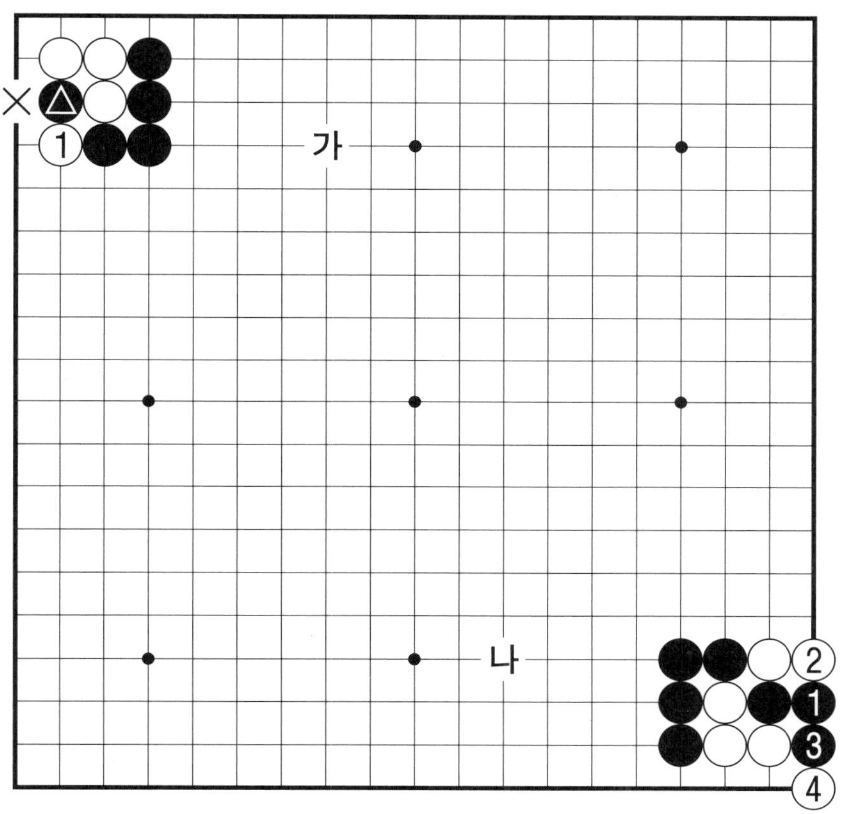

(그림 1) 1선의 활로

가 : 단수된 돌이 달아날 수 있느냐 없느냐는 매우 중요하다. 백①로 둔 순간 흑 한 점은 단수가 되었다. 흑 한 점은 ×의 한 곳밖에 활로가 없는데, 과연 달아날 수 있을까?

나 : 흑❶로 달아나는 수는 성립하지 않는다. 백②로 단수를 만들면 흑❸, 백④까지의 진행에서 보듯 흑이 잡히고 만다.

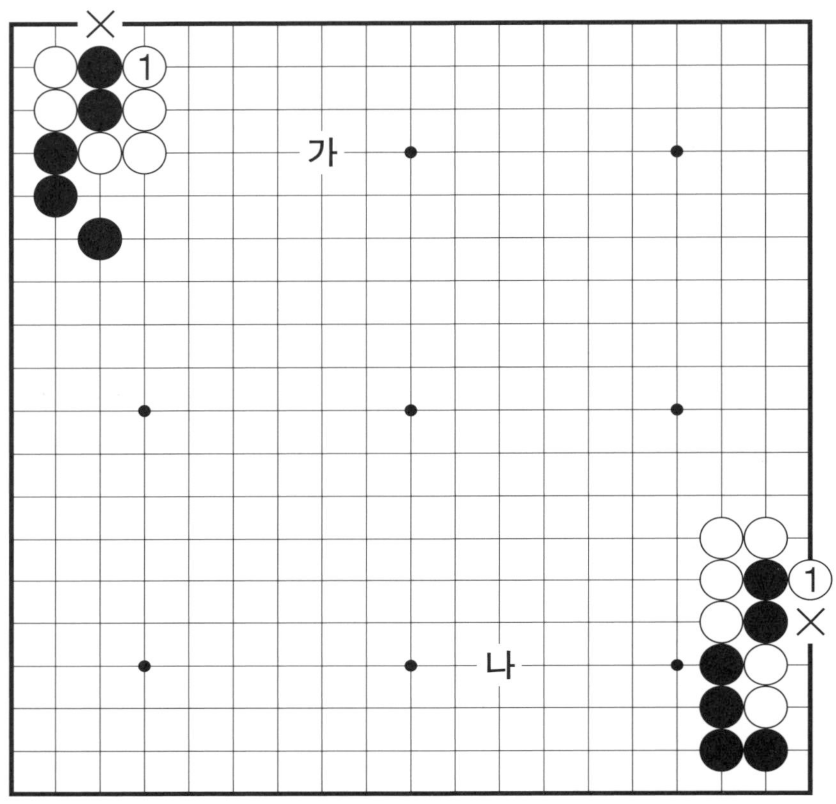

(그림 2) 달아날 수 없다

가 : 활로가 1선에 국한된 경우 더 이상 활로를 넓히기가 힘들다. 백①로 단수하는 순간 흑△ 두 점의 활로는 ×로 표시한 1선밖에는 없다. 이 돌은 달아날 수가 없다.

나 : 백①로 단수했을 때 흑 두 점의 활로도 ×로 표시한 1선밖에 없는 모습이다. 이 돌은 더 이상 살릴 수 없으므로 미련없이 포기하는 것이 옳다.

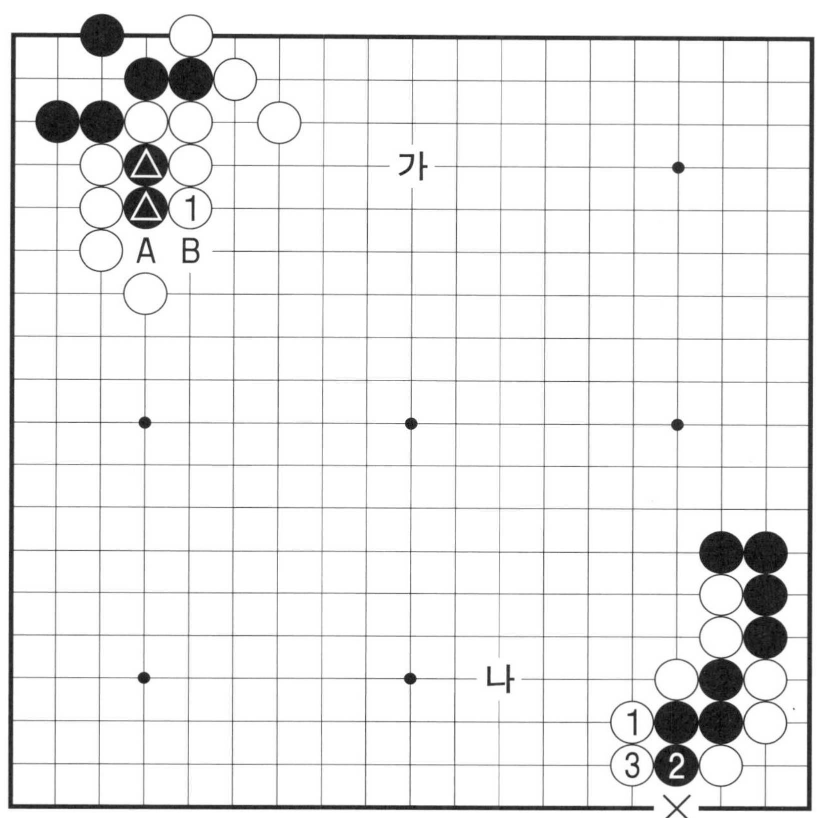

(그림 3)응원군이 있는 경우

가 : 이처럼 주위에 상대의 응원군이 있는 경우에도 백①의 단수에 흑▲ 두 점은 더 이상 달아날 수 없다. 이후 흑이 A에 두어도 백은 B에 두어 흑 두 점을 따낼 수 있다.

나 : 백은 이 경우 ①로 단수하는 것이 옳다. 흑❷로 달아난다면 백③으로 막는 것이 좋다. 이후 흑은 ×의 곳에 활로가 한정된 모습인데, 더 이상 달아날 수 없다.

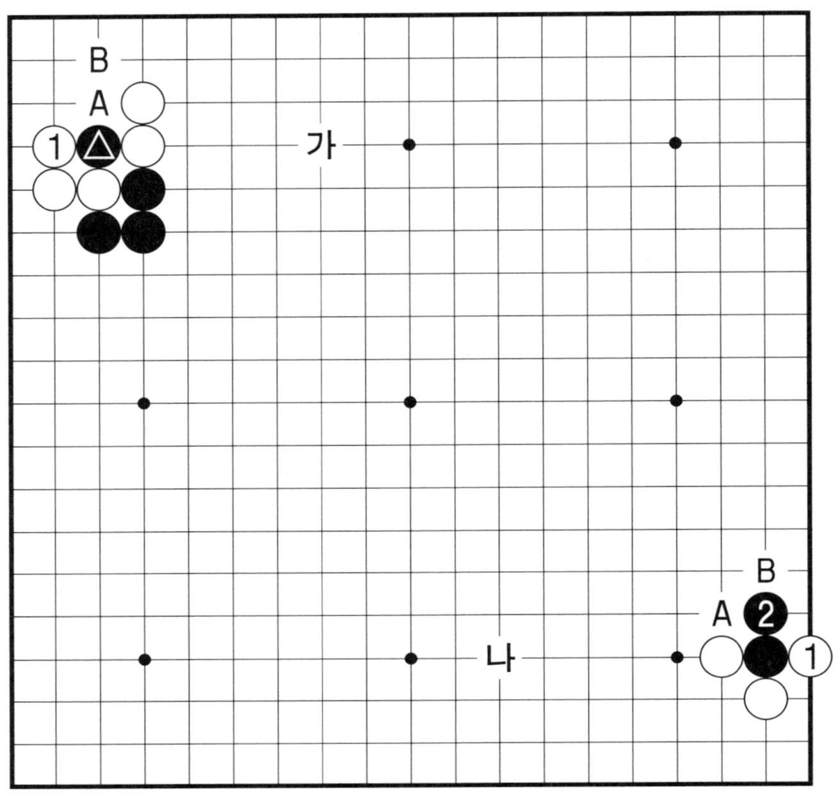

(그림 4) 단수의 방향

가 : 백은 이 경우 응원군을 활용하는 의미에서 ①로 단수하는 것이 좋다. 이후 흑△ 한 점을 살리기 위해 A로 달아나도 백이 B로 단수하면 달아날 수 없다.

나 : 백①로 단수하는 것은 이 경우 좋지 않다. 흑은 ❷로 뻗어서 달아날 수 있다. 이후 백이 A로 막는다면 흑은 B로 뻗어서 탈출이 가능한 모습이다.

문제 1

문제 2

달아날 수 있을까?

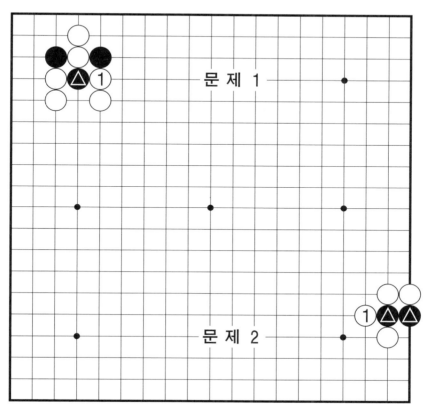

백①로 끊어서 단수를 만들었다. 과연 흑▲ 한 점을 살릴 수 있을까?

문제 2 1선의 활로

백①로 단수를 만든 장면이다. 흑▲ 두 점은 달아날 수 있는 돌일까?

해 답 1

해 답 2

해답 1

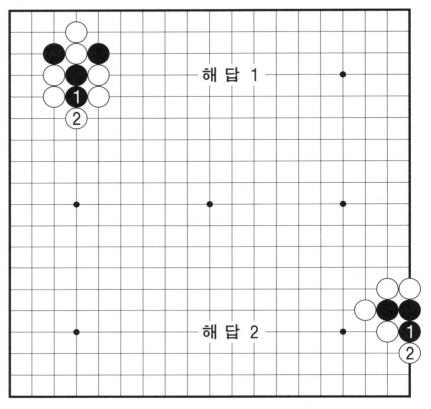

흑 한 점은 달아날 수 없다. 흑❶로 달아나도 백②로 막으면 잡히기 때문이다.

해답 2

활로가 1선밖에 없는 돌은 더 이상 활로를 넓힐 수가 없다. 흑❶로 달아나도 백②면 흑이 잡히고 만다.

문제 3

문제 4

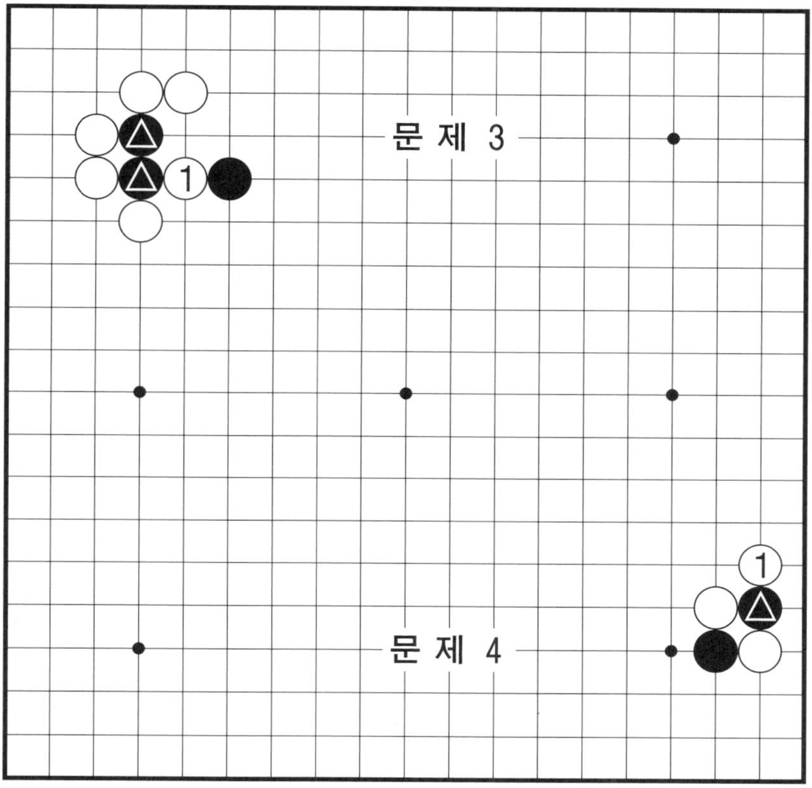

문제 3 두 점의 생사는?

백①로 단수를 만든 모습이다. 과연 흑▲ 두 점은 달아날 수 있는 돌일까?

문제 4 1선의 활로

백①로 단수한 모습이다. 흑▲ 한 점의 활로는 1선으로 제한된 모습이다. 그렇다면 흑▲ 한 점의 생사는?

해 답 3

해 답 4

해답 3

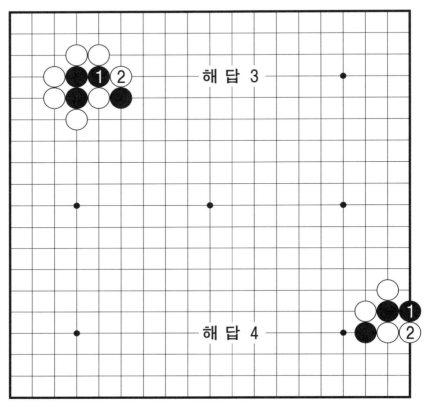

흑❶로 달아날 수 없다. 백②로 막히면 모두 잡혀 버리기 때문이다.

해답 4

흑❶로 달아나는 수는 성립하지 않는다. 백②로 단수하면 더 이상 탈출이 불가능한 모습이다.

문제 5

문제 6

문제 5 흑돌의 운명

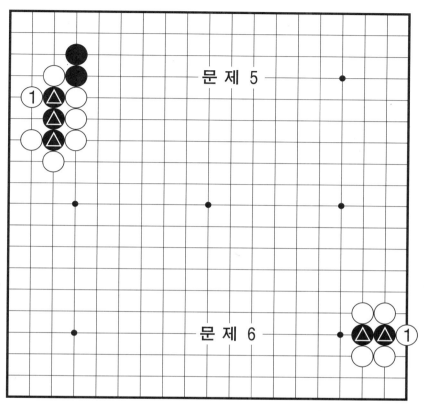

백①로 단수한 장면이다. 과연 흑▲ 석 점은 활로를 넓혀서 달아날 수 있을까?

문제 6 잘못된 단수

백①로 단수한 것은 의문이다. 그렇다면 흑▲ 두 점은 달아날 수 있는 것일까?

해답 5, 6

해답 5

해답 6

해답 5

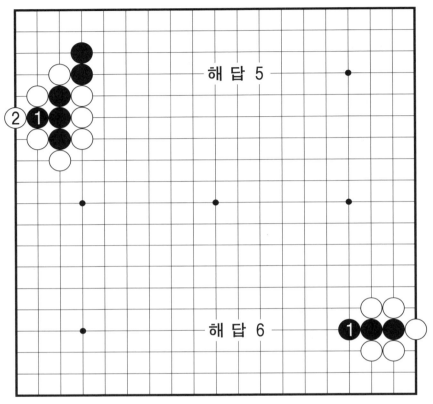

흑❶로 달아나는 수는 성립하지 않는다. 백②로 막히고 나면 더 크게 잡히고 만다.

해답 6

흑❶로 달아나는 수가 성립한다. 흑 석 점은 3개의 활로를 갖게 되었다.

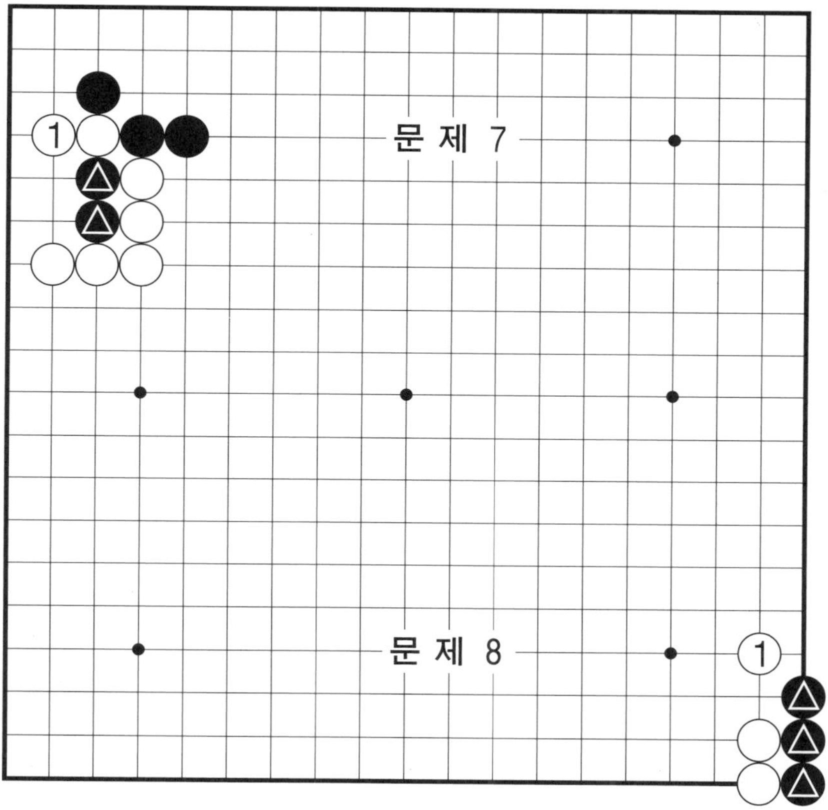

문제 7 흑돌의 생사

백①로 내려섰다. 과연 흑▲ 두 점은 살릴 수 있는 돌일까?

문제 8 진출 여부

백①로 두어 흑의 진출로를 봉쇄한 모습이다. 흑▲ 석 점의 활로를 더 이상 넓힐 수 있는 방법이 있을까?

해답 7, 8

해답 7

해답 8

해답 7

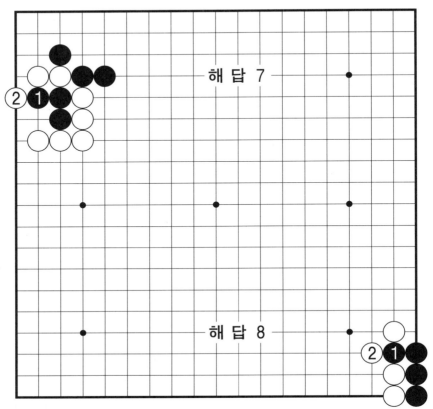

흑 두 점은 더 이상 활로를 넓힐 수 없다. 흑❶로 두어도 백②로 단수하면 탈출이 불가능한 모습이다.

해답 8

흑은 활로를 넓힐 수 없다. 흑❶로 탈출을 모색해도 백②로 막히면 그만이다.

문제 9

문제 10

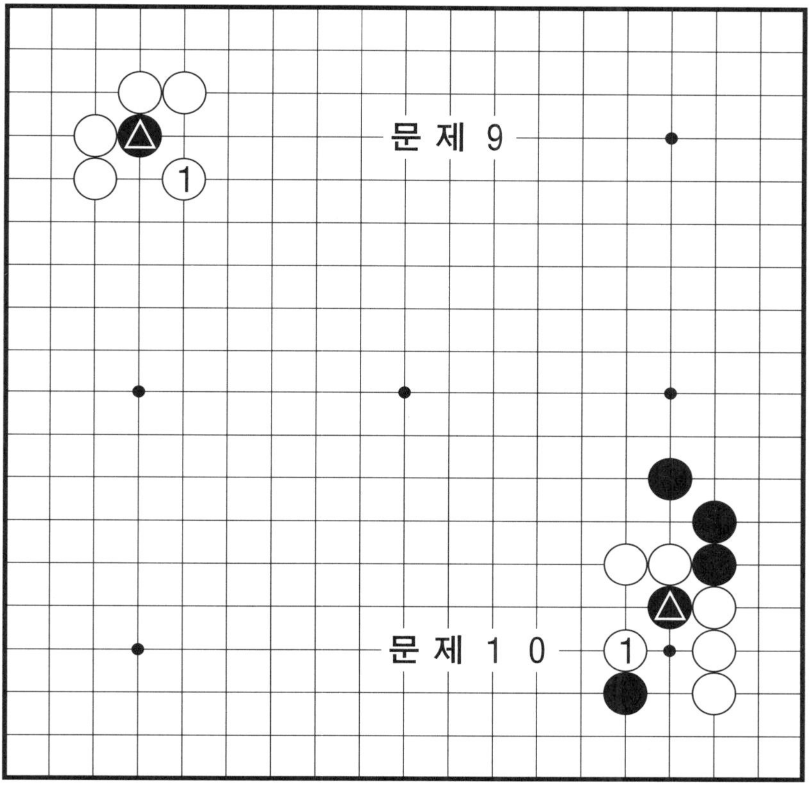

탈출 여부

백①로 씌웠다. 과연 흑▲ 한 점은 달아날 수 있을까?

흑돌의 생사

백①로 두었다. 흑▲ 한 점의 활로를 넓힐 수 있는 방법이 있을까?

해답 9, 10

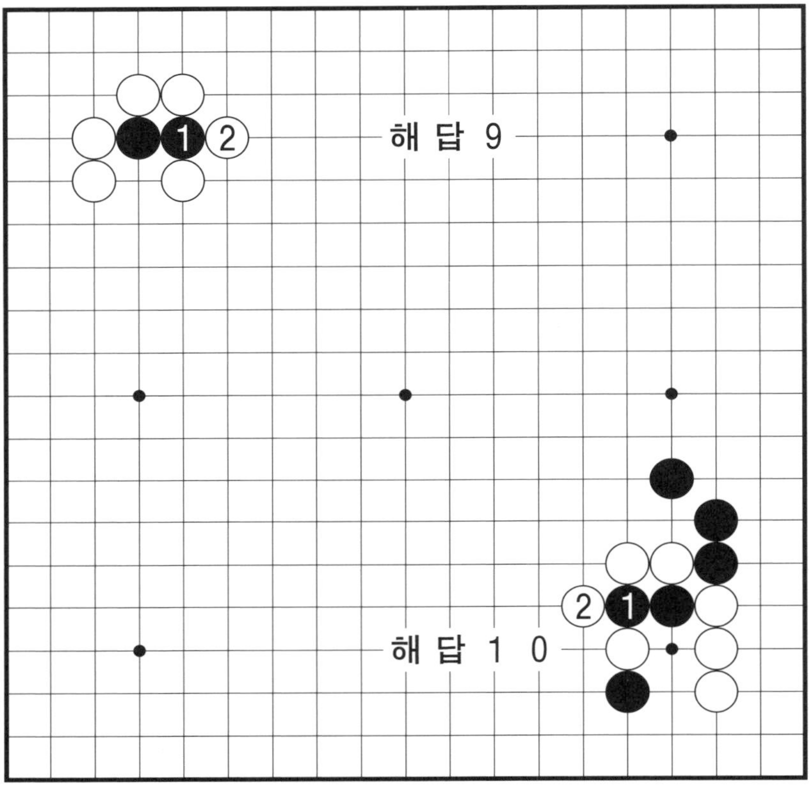

해답 9

흑 한 점은 활로를 더 이상 넓힐 수 없다. 흑❶로 달아나도 백②로 막히고 나면 잡히고 만다.

해답 10

흑 한 점 역시 달아날 수 없다. 흑❶로 탈출을 모색해도 백②로 막히고 나면 더 이상 진출이 불가능하다.

문제 11

문제 12

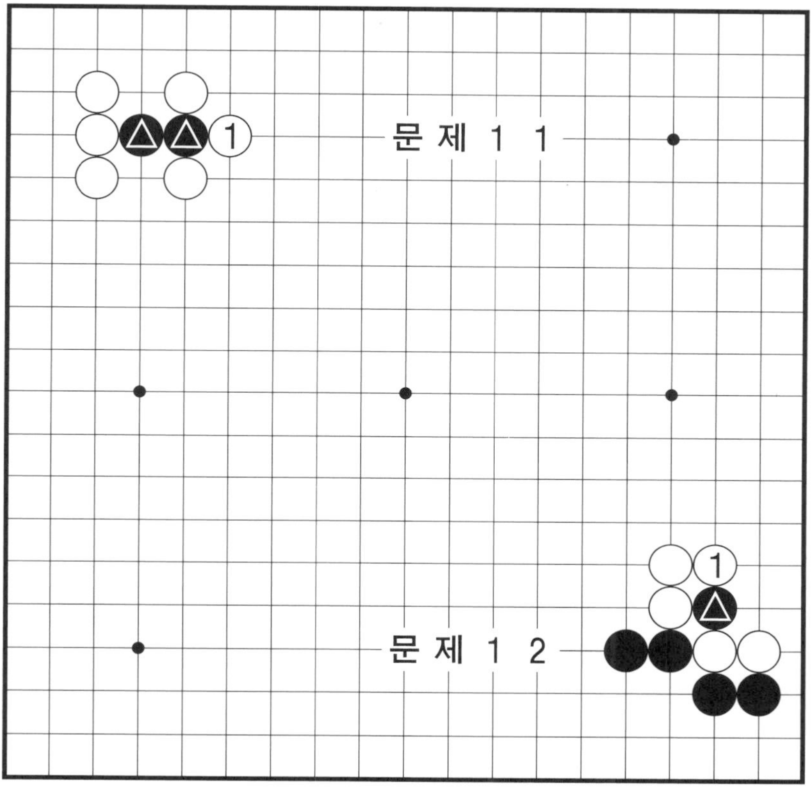

탈출 여부

백①로 막은 장면이다. 흑▲ 두 점은 탈출이 가능할까?

흑돌의 생사

백①로 단수한 장면이다. 과연 흑▲ 한 점의 생사는 어떻게 될까?

해답 11

해답 12

해답 11

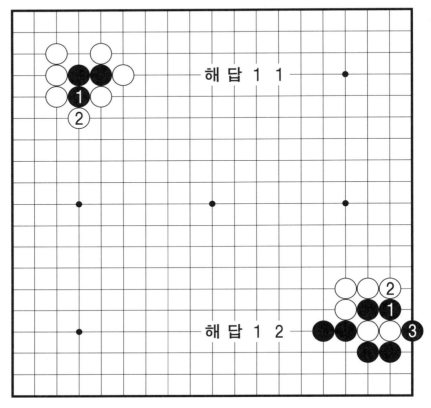

흑 두 점은 탈출이 불가능하다. 흑❶로 달아나도 백②로 막히고 나면 백에게 잡히고 만다.

해답 12

흑❶로 두면 백 두 점을 단수로 만들고 있는 만큼 탈출이 가능하다. 백②, 흑❸까지 백 두 점을 잡고 살 수 있다.

문제 13

문제 14

문제 13 탈출 가능성

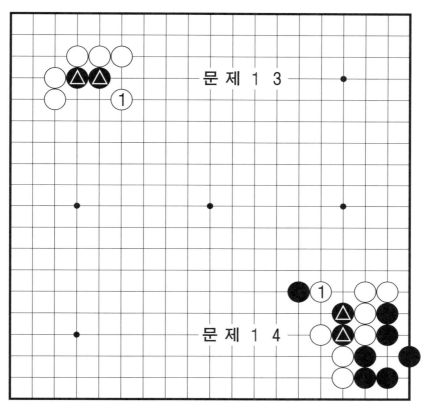

백①로 씌운 장면이다. 흑▲ 두 점의 활로를 넓힐 수 있는 방법이 있을까?

문제 14 흑 두 점의 생사

백①로 씌운 모습이다. 과연 흑▲ 두 점의 생사는 어떻게 될까?

해답 13

해답 14

해답 13

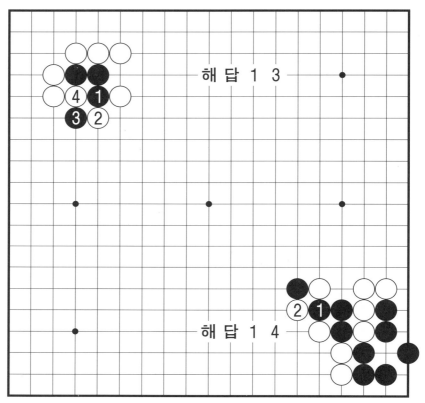

흑 두 점은 탈출이 불가능하다. 흑❶로 탈출을 모색해도 백④까지의 진행에서 보듯 백에게 잡히고 만다.

해답 14

흑 두 점 역시 살릴 수 없다. 흑❶로 달아나도 백②로 단수하면 잡힌 모습이다.

문제 15

문제 16

문제 15 석 점의 운명은?

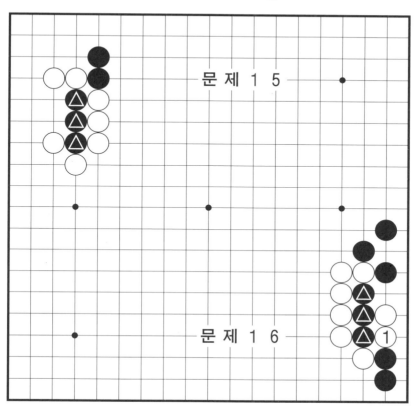

흑▲ 석 점이 백에게 갇힌 모습이다. 과연 흑▲ 석 점은 탈출이 가능할까?

문제 16 연결 여부

백①로 단수한 장면이다. 흑▲ 석 점을 살릴 수 있는 방법은 없을까?

해답 15

해답 16

해답 15

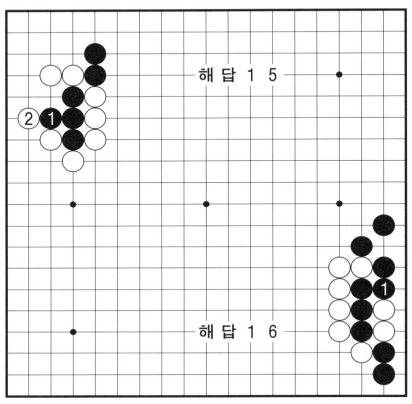

흑 석 점은 살릴 수 없다. 흑❶로 탈출을 모색해 보지만 백②로 단수하면 잡히고 만다.

해답 16

흑❶로 두면 모두 연결이 되는 만큼 흑 석 점을 살릴 수 있다.

4. 수상전(數相戰)

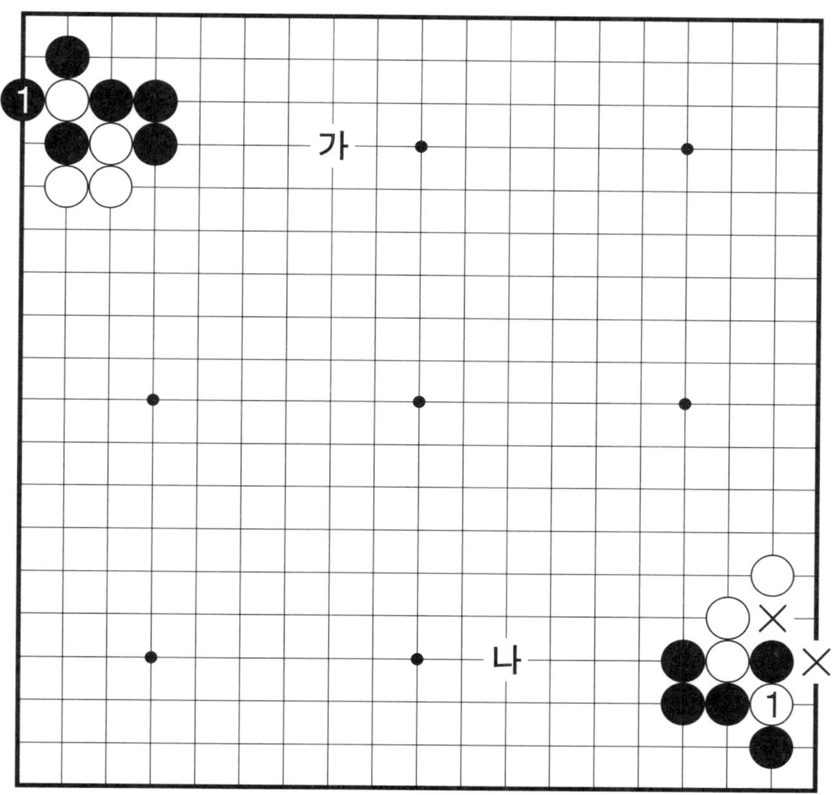

(그림 1) 가일수의 여부

가 : 서로가 단수인 경우에는 흑❶처럼 백돌을 먼저 따내야 한다. 단수란 서로 활로가 1개밖에 없기 때문이다.

나 : 백①로 두었을 때 흑이 백 한 점을 따내는 것은 어렵지 않다. 백 한 점은 단수 상태이기 때문이다. 그렇지만 흑이 곧장 백 한 점을 따낼 필요는 없다. 흑 한 점은 ×로 표시한 2개의 활로를 갖고 있기 때문이다.

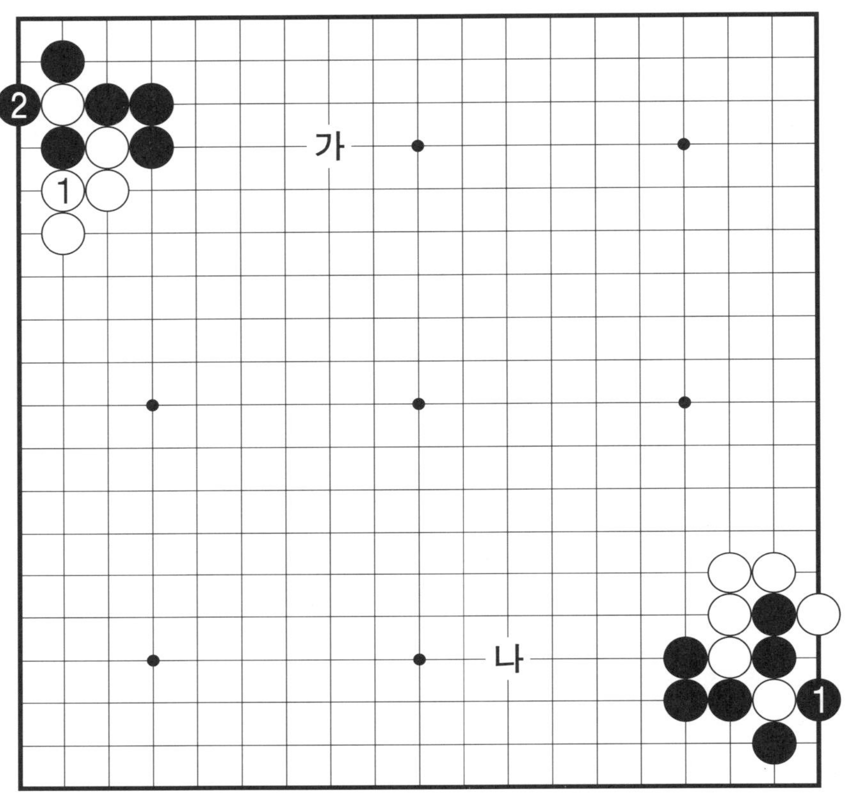

(그림 2) 가일수가 필요

가 : 백이 ①로 단수를 만들면 그때 흑❷로 따내도 흑은 늦지 않는 것이다. 활로의 개수가 서로 같을 때 비로소 상대의 돌을 공격하는 것이 올바르다.

나 : 지금과 같은 경우엔 서로가 활로의 개수가 같으므로 시급히 ❶로 두어야 한다.

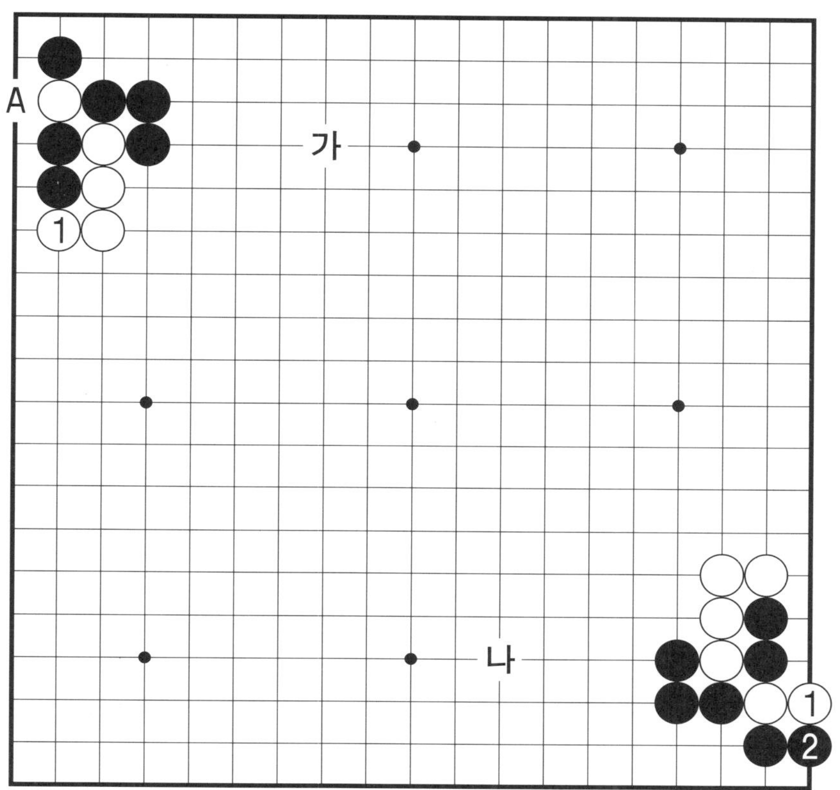

(그림 3) 가일수의 시기

가 : 백①로 두었을 때 흑은 A에 두어 백 한 점을 따낼 필요가 없다. 왜냐하면 백 한 점의 활로는 1개인 반면에 흑 두 점은 2개의 활로를 갖고 있기 때문이다.

나 : 백이 ①로 둔다면 이번엔 흑과 백돌의 활로가 같아졌다. 이때는 시급히 ❷로 단수를 만들어서 백 두 점을 잡아야 한다.

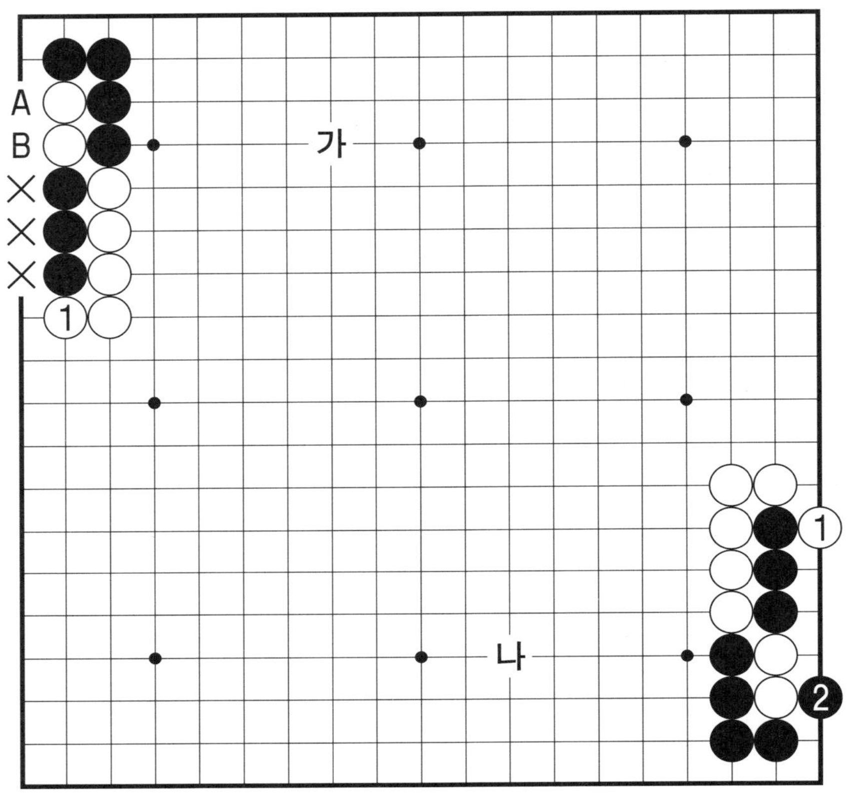

(그림 4) 수상전의 요령

가 : 백①로 두었을 때 백 두 점은 A, B로 표시한 2개의 활로를 갖고 있는 데 비해 흑 석 점은 ×로 표시한 3개의 활로를 가지고 있다. 이 경우에도 흑은 백보다 1개의 활로가 더 많은 만큼 손을 빼서 다른 곳에 두어도 된다.

나 : 만약 백이 ①로 두어 온다면 이번엔 활로의 개수가 같아졌다. 이때는 흑❷로 두어 단수를 만드는 것이 중요하다.

A

문제 1

①

문제 2

문제 1 가일수 여부

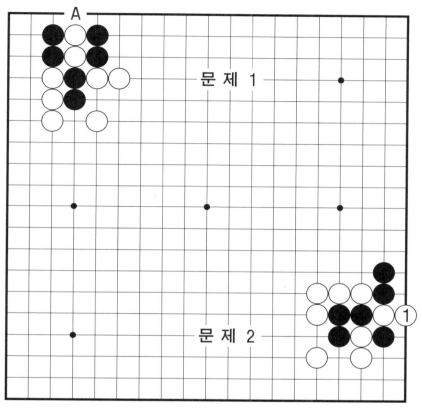

흑은 지금 당장 A에 곳에 두어 백 두 점을 따낼 필요가 있을까?

문제 2 활로의 개수

백이 ①로 달아난 장면이다. 과연 흑은 이대로 손을 빼도 백을 잡을 수 있을까?

해 답 1

해 답 2

해답 1

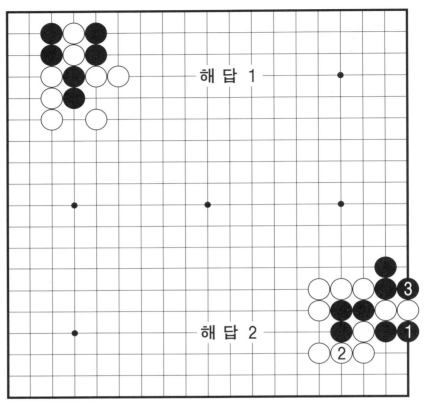

흑은 손을 빼도 무방하다. 흑 두 점은 2개의 활로를 갖고 있는 반면에 백 두 점은 활로가 1개밖에 없기 때문이다.

해답 2

활로가 똑같이 2개가 되었으므로 흑은 시급하게 ❶로 단수해야 한다. 백②라면 흑❸으로 따낸다.

①

문제 3

문제 4

①

문제 3 가일수 여부

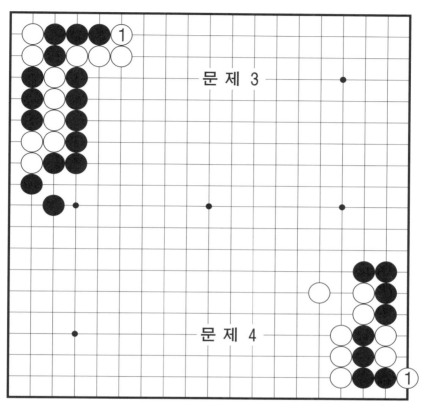

백①로 막았다. 흑과 백의 활로를 잘 파악한 후 가일수 여부를 결정한다. 과연 흑은 손을 빼도 가능할까?

문제 4 응수의 필요성

백①로 둔 장면이다. 흑과 백, 활로의 개수가 어떻게 되는지 파악하고 가일수의 여부를 결정짓는다.

해답 3, 4

해답 3

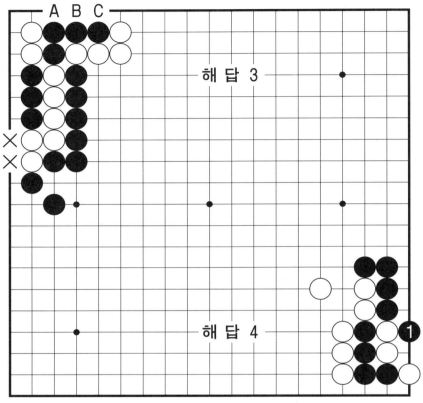

흑은 아직 가일수할 필요가 없다. 흑 석 점은 A~C의 3개의 활로를 갖고 있는 데 비해 백돌은 ×로 표시한 2개의 활로밖에 없기 때문이다.

해답 4

흑과 백이 모두 2개의 활로가 되었으므로 시급하게 흑❶로 보강해야 한다.

문제 5

①

문제 6

①

문제 5 수상전은?

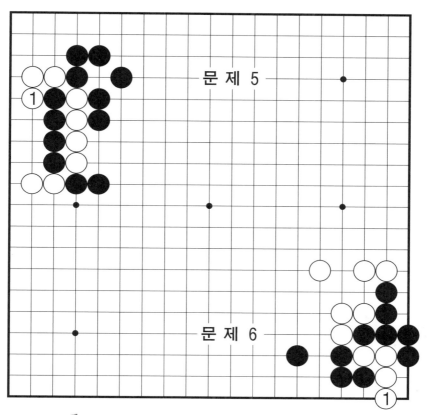

백이 ①로 둔 장면이다. 과연 흑은 지금 당장 한 수를 더 들여서 백을 잡아야 할까?

문제 6 가일수 여부

백이 ①로 둔 장면이다. 활로의 개수를 잘 파악한 후 가일수 여부를 결정짓는다.

해답 5, 6

해답 5

해답 6

해답 5

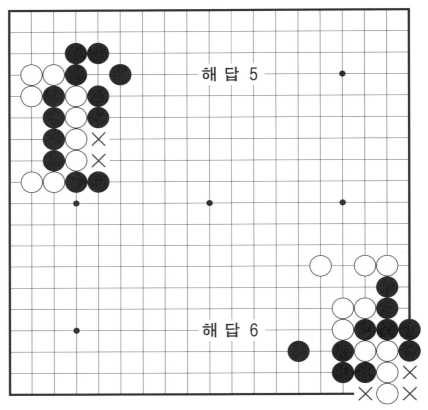

흑은 지금 당장 가일수를 하지 않아도 된다. 백돌은 ×로 표시한 2개의 활로인 반면에 흑돌은 3개의 활로를 갖고 있기 때문이다.

해답 6

이 문제 역시 가일수를 하지 않아도 된다. 흑은 4개의 활로를 갖고 있는 데 비해 백돌은 활로가 3개뿐이기 때문이다.

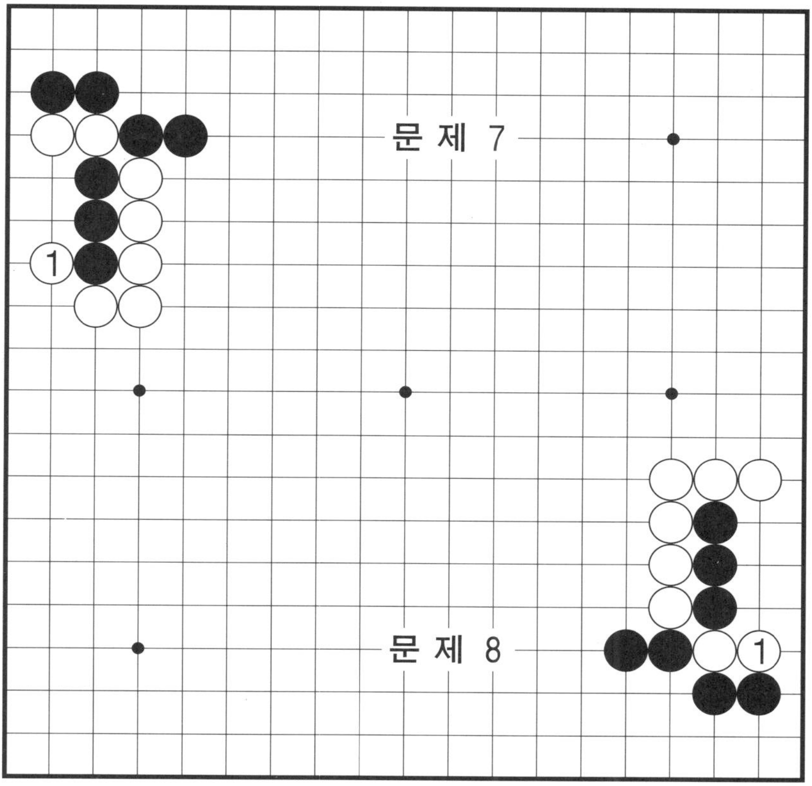

문제 7 흑의 응수 여부는?

백①로 두어 흑의 활로를 막은 장면이다. 과연 흑은 이대로 손을 빼도 되는 것일까?

가일수 여부

백①로 달아난 장면이다. 돌의 활로 관계상 흑은 이대로 손을 빼도 될까?

해답 7, 8

해답 7

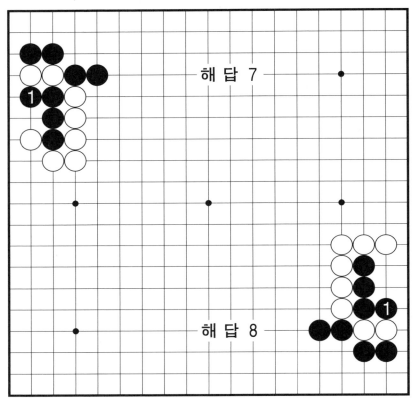

흑은 활로가 같아졌으므로 시급하게 ❶로 단수해서 백을 잡아야 한다.

해답 8

당장은 활로가 1개 많지만 이 경우 흑은 ❶로 두어서 백을 잡아야 한다. 반대로 흑이 손을 빼서 백에게 1의 곳을 허용하면 상황이 역전된다는 것을 확인하기 바란다.

문제 9

문제 10

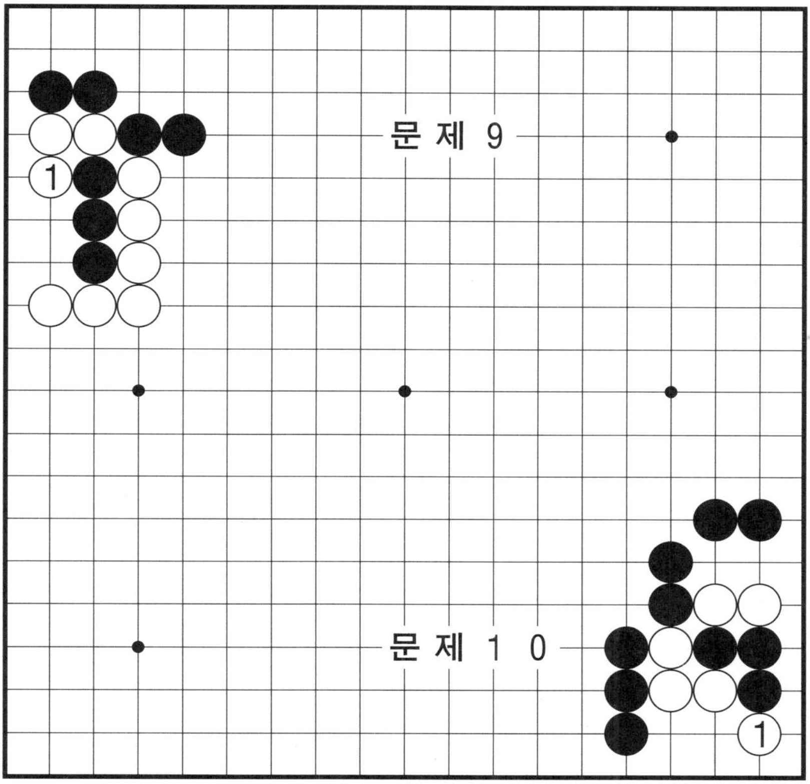

응수가 필요

백이 ①로 둔 장면이다. 과연 흑은 계속해서 이 곳에 손을 쓸 필요가 있을까?

가일수 여부

백①로 둔 장면이다. 돌의 활로를 계산해 보고 흑이 계속해서 둘 것인지 아니면 손을 뺄 것인지 결정하기 바란다.

해답 9

해답 10

해답 9

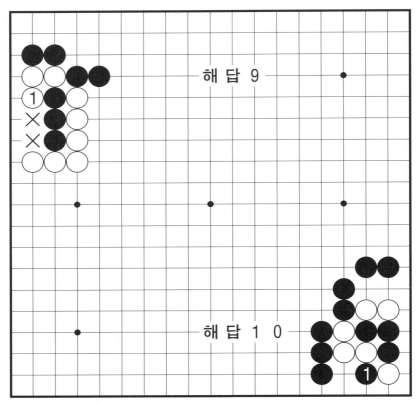

백①로 두는 순간 흑 석 점의 활로는 ×로 표시한 2개가 되고 말았다. 반대로 백 석 점의 활로는 3개. 아무리 노력해도 흑이 안 되는 만큼 흑은 빨리 포기하고 손을 빼야 한다.

해답 10

활로의 개수가 같아졌으므로 재빨리 흑❶로 단수해야 한다.

문제 11

문제 12

문제11 수상전은?

흑❶로 단수하자 백이 ②로 이은 장면이다. 과연 흑은 귀의 백을 잡기 위해서 또다시 손을 댈 필요가 있을까?

문제12 최선의 응수

백①로 둔 장면이다. 이 경우 흑은 어떻게 두는 것이 백을 잡는 방법일까?

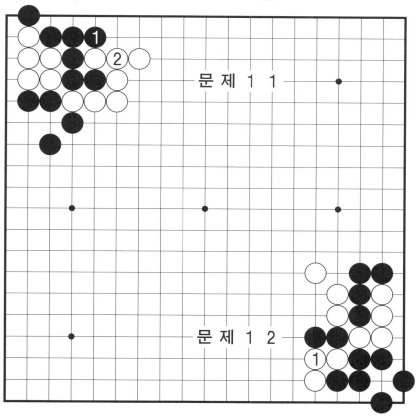

해답 11

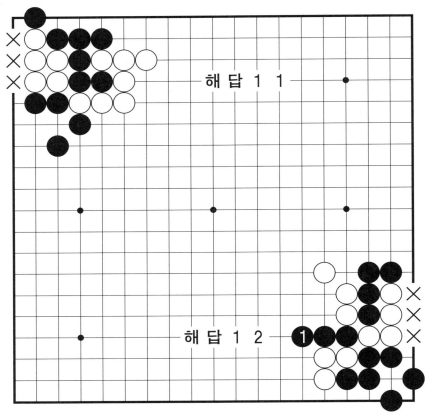

백돌의 활로는 ×로 표시한 3개. 반면에 흑돌의 활로는 4개이다. 결국 손을 쓰지 않아도 백을 잡을 수 있다는 결론이다.

해답 12

흑❶로 뻗는 것이 좋은 응수법이다. 흑 석 점은 이제 4개의 활로를 갖게 되었다. 반대로 백 넉 점은 ×로 표시한 3개의 활로뿐이다.

문제 13

문제 14

문제 13 가일수가 필요

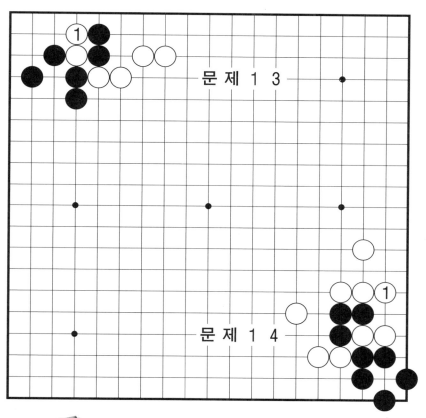

백이 ①로 달아난 장면이다. 과연 흑은 백 두 점을 잡기 위해서 지금 당장 손을 쓸 필요가 있을까?

문제 14 연결을 방해

백①로 둔 장면이다. 단순히 활로의 개수로만 보면 흑이 1수 빠른데 가일수가 필요 있을까?

해답 13, 14

해답 13

해답 14

해답 13

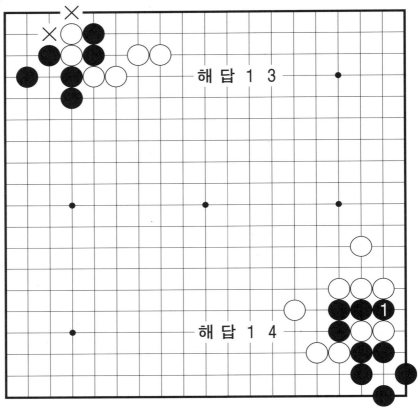

흑 두 점의 활로는 3개인 반면에 백 두 점의 활로는 2개이다. 결국 가일수가 필요 없다는 결론이다.

해답 14

흑은 시급히 ❶로 단수해서 백 두 점을 잡아야 한다. 백에게 이 곳을 허용하면 백의 활로가 대폭 늘어나기 때문이다.

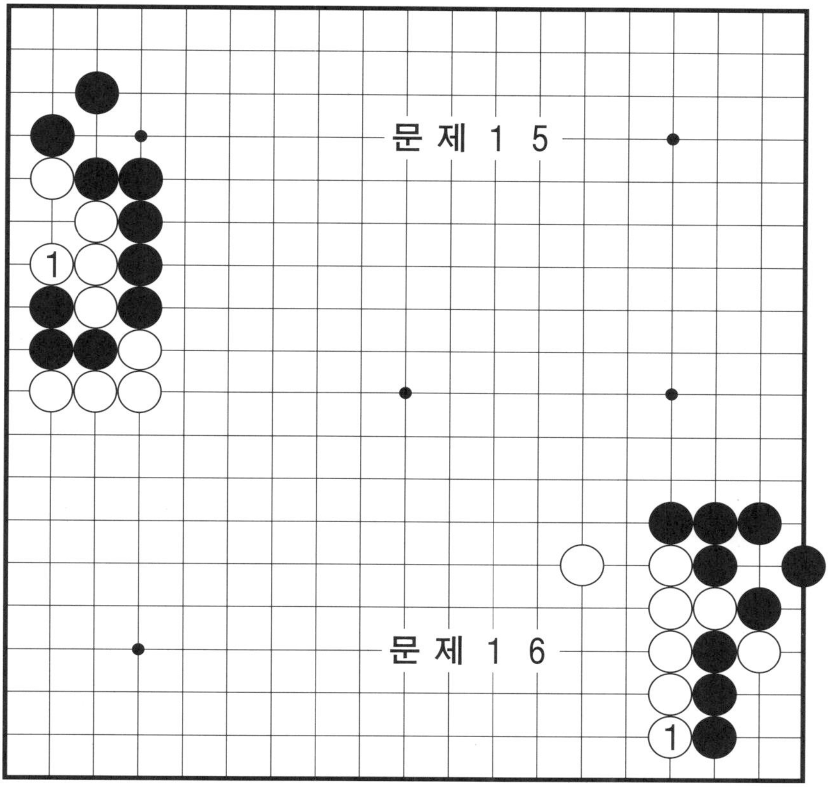

문 제 1 5

문 제 1 6

수상전의 요령

백①로 막은 장면이다. 흑은 계속해서 응수를 할 필요가 있을까?

흑의 응수 여부

백①로 막은 장면이다. 계속해서 흑은 백 한 점을 잡기 위해 가일수를 해야 할까?

해답 15

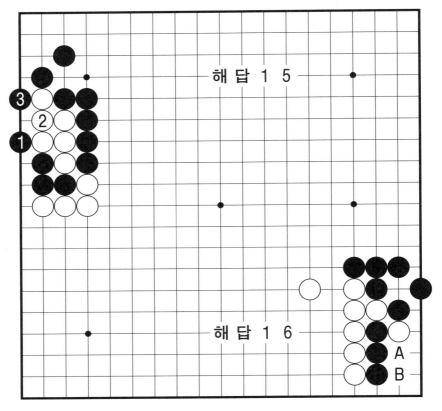

흑❶로 가일수를 해야 한다. 백이 단수를 피해 ②로 잇는다면 흑❸으로 활로를 줄여서 백을 잡을 수 있다.

해답 16

흑은 가일수를 할 필요가 없다. 이후 백이 A에 두어도 흑B로 막으면 흑이 백을 잡을 수 있다.

5. 양단수

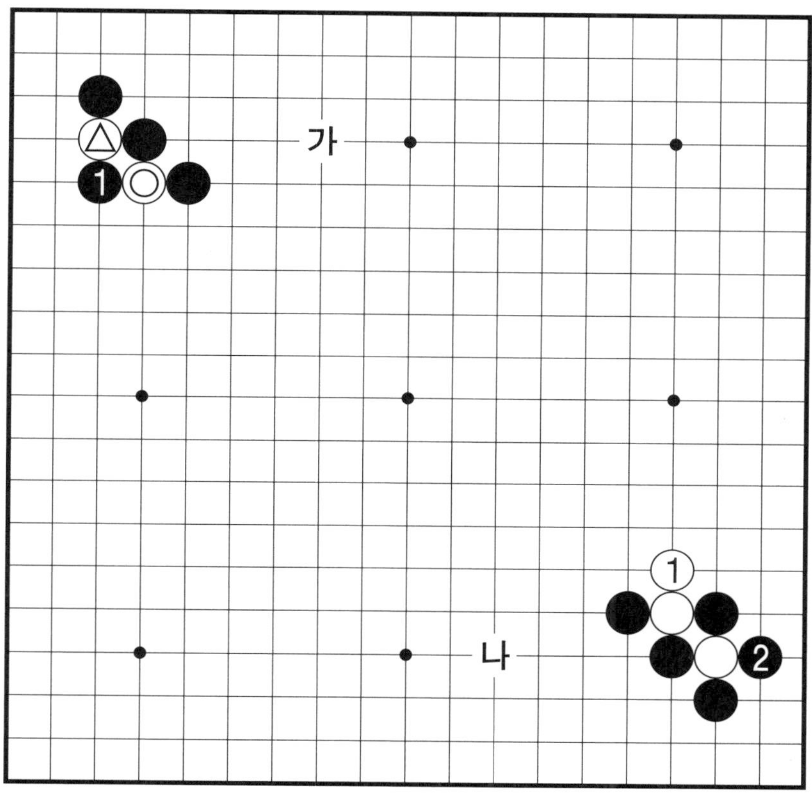

(그림 1) 양단수란?

가 : 상대의 돌을 잡는 방법 중 양단수라는 것이 있다. 단 한 수로 단수를 동시에 2개를 만드는 수를 말한다. 흑❶로 두는 순간 백△ 한 점과 백◎ 한 점이 동시에 단수가 되었다. 이를 가리켜 양단수라고 한다.

나 : 양단수가 되면 한쪽의 돌은 포기할 수밖에 없다. 백이 ①로 달아난다면 흑은 ❷로 따낼 수 있다. 백이 2의 곳으로 달아나도 흑은 1의 곳에 두어 백 한 점을 잡을 수 있다.

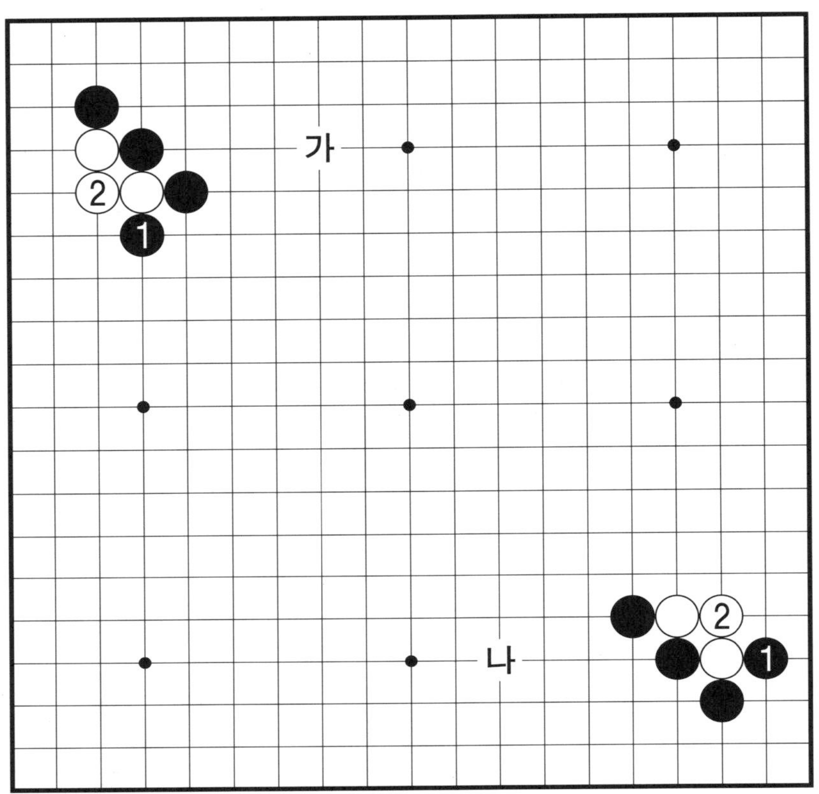

(그림 2) 잡을 수 없다

가 : 흑이 양단수를 만들지 않고 ❶처럼 단수하는 것은 좋지 않다. 백②로 두는 순간 흑이 백돌을 잡기는 어려워졌다.

나 : 흑❶로 두는 수는 2선이라서 더욱 좋지 않다. 백②로 이으면 더 이상 공격이 불가능해진다.

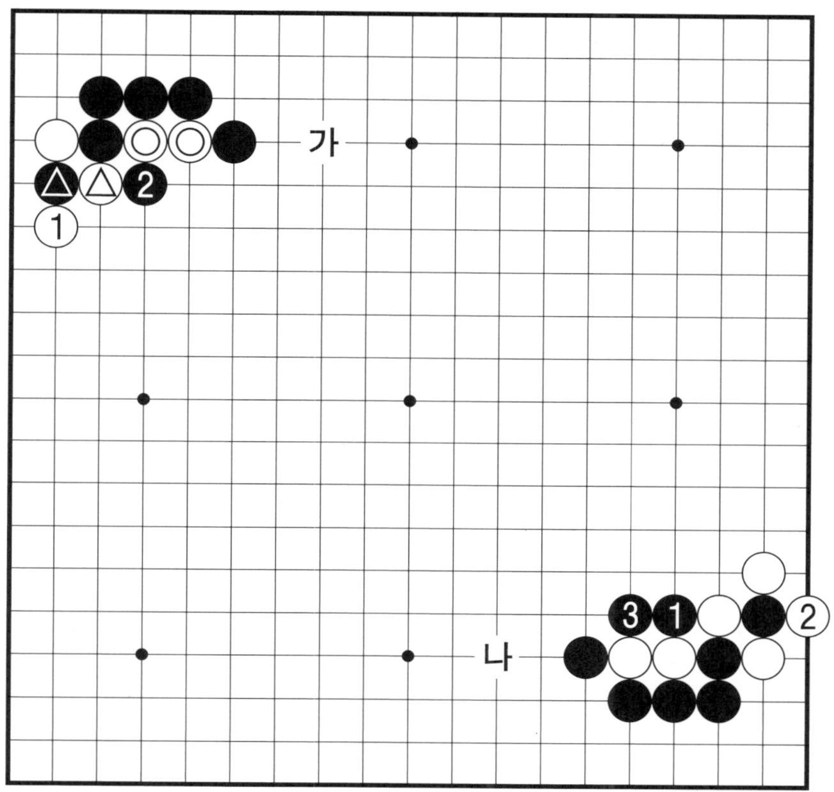

(그림 3) 여러 개의 돌에 대한 양단수

가 : 백①로 두어 흑▲ 한 점이 단수가 된 상태이다. 이때 흑은 ❷로 두어서 양단수를 만드는 것이 중요하다. 백△ 한 점과 백◎ 두 점이 양단수 형태가 되었다.

나 : 흑❶로 두었을 때 백이 ②로 따낸다면 흑도 ❸으로 두어서 백 두 점을 따낼 수 있다. 양단수의 위력을 실감할 수 있은 모습이다.

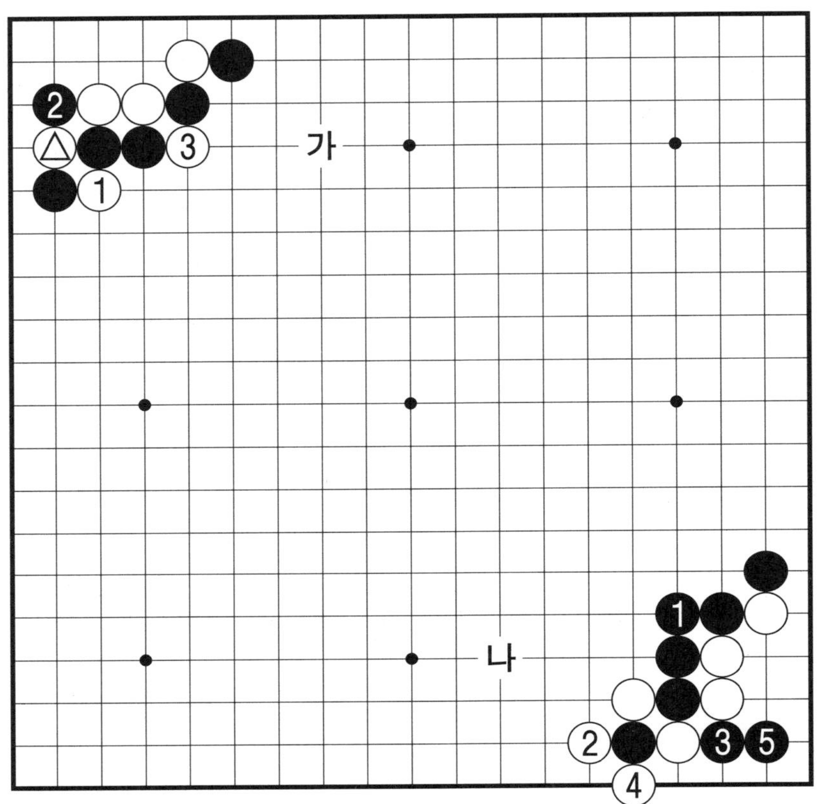

(그림 4) 의문의 흑

가 : 백①로 끊었을 때 흑이 ❷로 두어 백△ 한 점을 단수하는 것은 의문이다. 왜냐하면 백③으로 두는 순간 양단수가 되기 때문이다.

나 : 흑은 이 경우 양단수를 피해 ❶로 잇는 것이 중요하다. 백이 ②로 둔다면 흑❸으로 둔 후 ❺에 두어 오른쪽 백 석 점을 잡을 수 있기 때문이다.

문제 1

문제 2

양단수의 곳은?

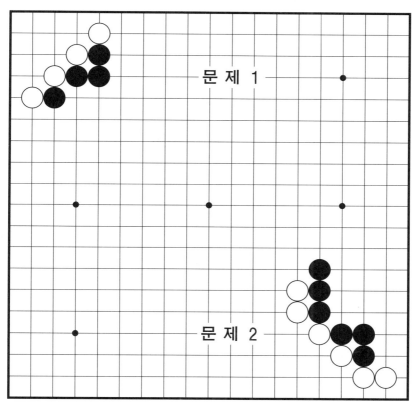

백을 양단수로 잡을 수 있는 곳이 있다. 과연 그 곳은 어디일까?

문제 2 양단수를 유도

백돌을 양단수로 만들어서 잡는 방법을 찾고 싶다. 양단수의 급소는 어디일까?

해답 1, 2

해 답 1

해 답 2

해답 1

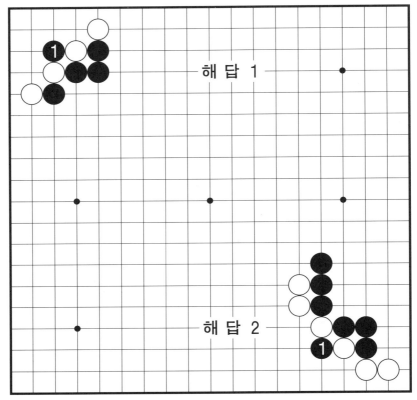

흑❶이 양단수의 곳이다. 백은 한쪽을 포기할 수밖에 없다.

해답 2

흑❶로 두는 순간 백은 양단수가 되었다. 이후 흑은 한쪽의 백돌을 잡을 수 있다.

문제 3

문제 4

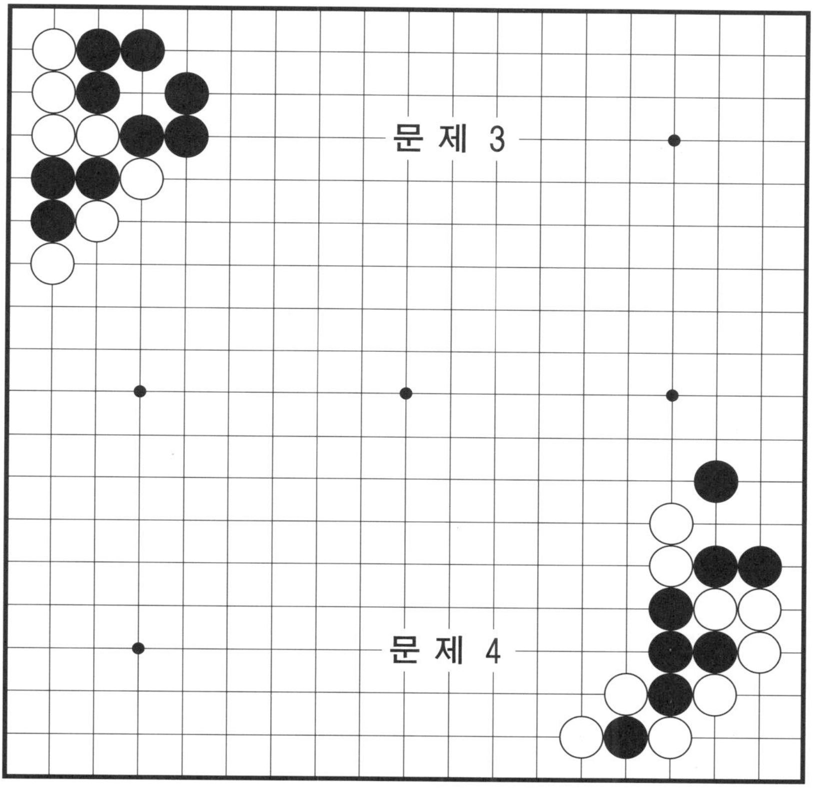

백을 잡는 급소

백의 약점을 찌르는 급소는 어디일까? 양단수의 곳을 찾아야 한다.

위기를 모면

흑 한 점이 단수가 되어 잡혀 있지만 위기를 모면하는 방법이 있다. 양단수의 급소를 찾으면 된다.

해답 3, 4

해 답 3

해 답 4

해답 3

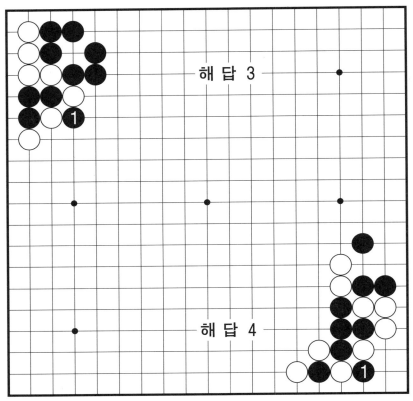

흑❶이 양단수의 곳이다. 이 곳을 둠으로써 백돌을 잡고서 살 수 있다.

해답 4

흑❶로 두는 것이 위기를 모면하는 급소점이다. 백은 큰 손해를 입게 되었다.

문제 5

문제 6

문제 5 양단수의 급소

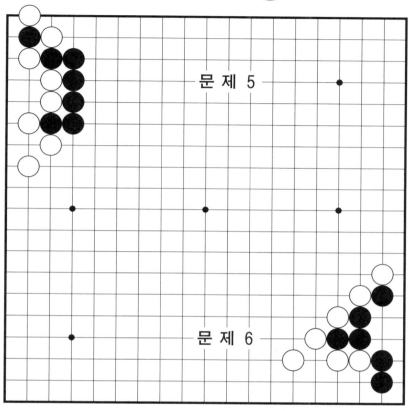

양단수가 되는 곳을 찾는 문제이다. 과연 어느 곳이 양단수의 급소일까?

문제 6 백의 약점

백의 약점을 찾는 문제이다. 모양을 잘 살펴서 양단수가 되는 곳을 찾으면 된다.

해답 5, 6

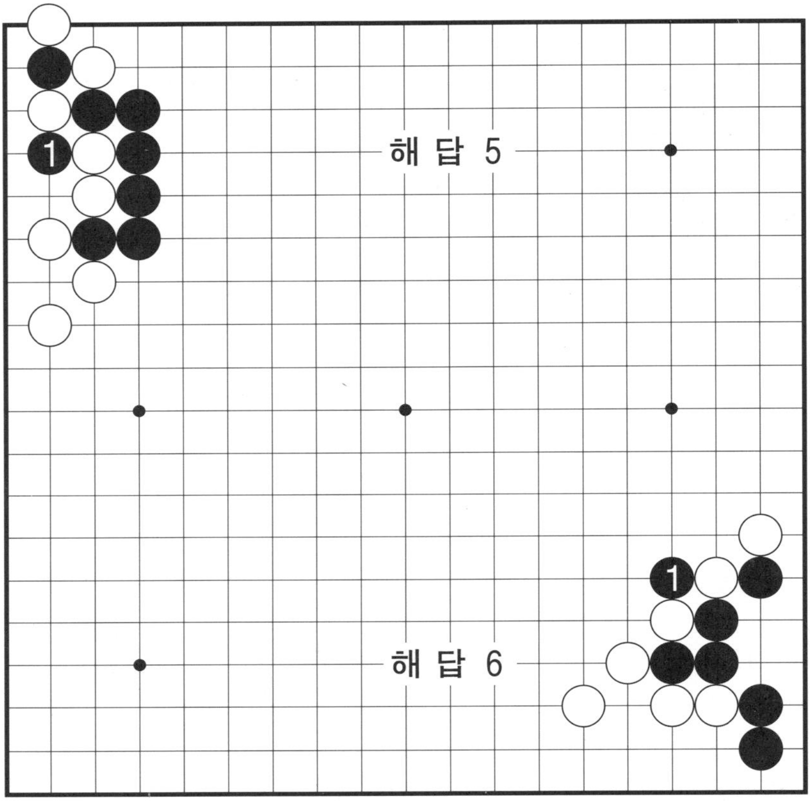

해 답 5

해 답 6

해답 5

흑❶로 단수하면 문제가 해결된다. 백은 양단수가 되어 한쪽을 포기할 수밖에 없다.

해답 6

흑❶로 두는 것이 좋은 수이다. 백은 양단수가 되어 매우 곤란해졌다.

문 제 7

문 제 8

문제 7 양단수를 찾아라

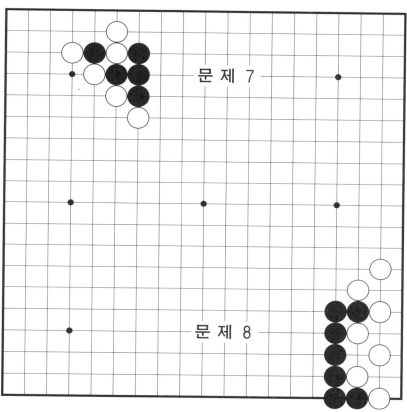

흑 한 점이 단수가 되어 백에게 잡힌 모습이다. 이에 연연치 말고 양단수되는 곳을 찾아서 손해를 만회해야 한다.

문제 8 백의 약점

약점이 없는 완전한 형태처럼 보이지만 자세히 살펴보면 백은 치명적인 약점을 지니고 있다. 양단수가 되는 급소는?

해답 7, 8

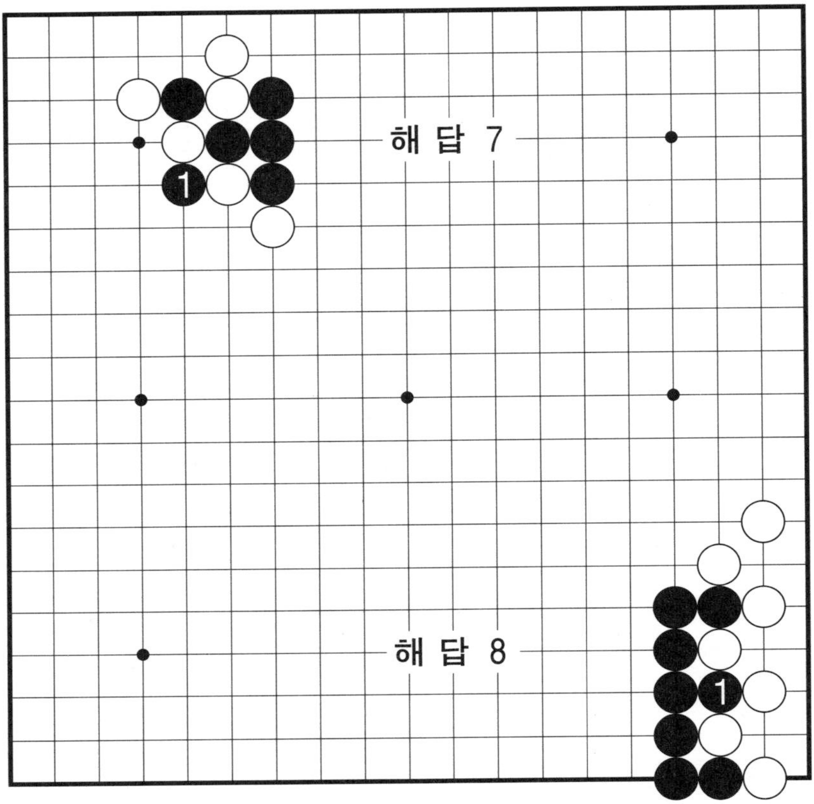

해답 7

해답 8

해답 7

흑❶로 단수하는 수가 성립한다. 백은 양단수가 되어 한쪽을 포기할 수밖에 없다.

해답 8

흑❶로 단수치는 것이 백의 약점을 찌르는 급소이다. 백은 양단수가 되었다.

문제 9

문제 10

문제 9 양단수의 급소

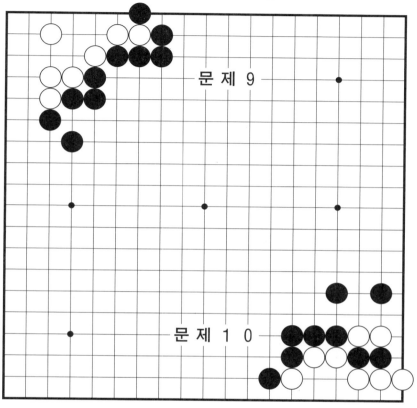

백 모양의 약점을 찔러서 백돌을 잡는 문제이다. 양단수가 되는 급소는 어디일까?

문제 10 백의 약점

백은 양단수의 약점을 지니고 있다. 흑은 이 약점을 찔러야 한다.

해답 9, 10

해답 9

해답 1 0

해답 9

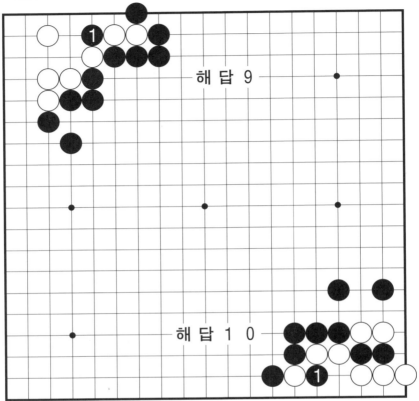

흑❶로 단수하는 것이 정답이다. 백은 흑❶로 인해 양단수 형태가 되었다.

해답 10

흑❶로 단수치는 것이 좋은 수이다. 백돌은 양단수가 되어 한 쪽을 죽이고 둘 수밖에 없다.

문제 1 1

문제 1 2

문제 11 통렬한 양단수

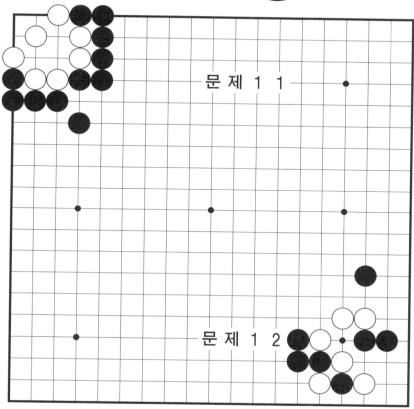

백 모양엔 치명적인 약점이 남아 있다. 이 약점을 찌르는 방법은 무엇일까?

문제 12 상황 역전

흑 한 점이 단수가 되어 잡힌 모습이다. 그러나 백의 약점을 찌르면 상황을 역전시킬 수 있다.

해 답 1 1

해 답 1 2

해답 11

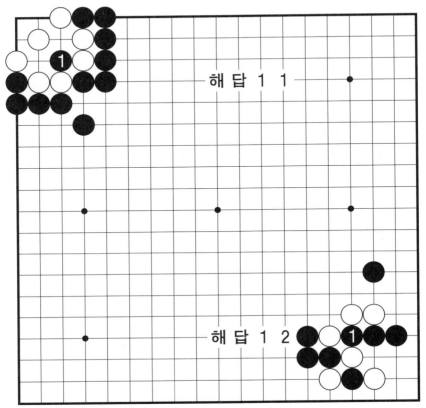

흑❶의 곳이 양단수가 되는 급소이다. 백은 응수가 끊기고 만다.

해답 12

흑❶로 단수치는 수가 성립한다. 백은 양단수가 되어 응수가 곤란해졌다.

문제 13

문제 14

문제 13 양단수의 급소

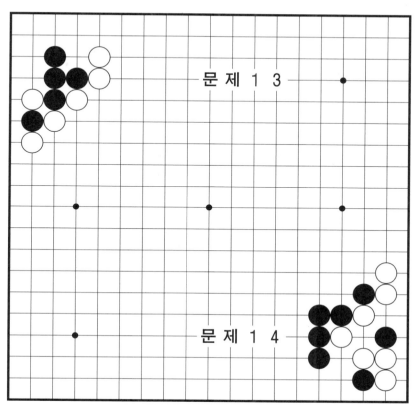

백이 흑 한 점을 잡고 있지만 자신도 치명적인 약점을 지니고 있다. 흑은 양단수의 급소를 찾으면 된다.

문제 14 양단수의 요령

백 모양을 자세히 살펴보면 양단수의 급소가 눈에 보일 것이다. 흑은 어느 곳에 두는 것이 최선일까?

해답 13

해답 14

해답 13

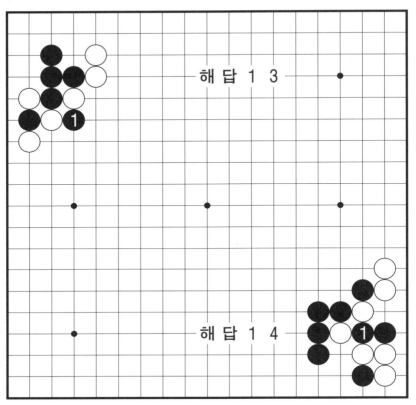

흑❶로 단수하는 것이 정답이다. 흑❶로 인해 백은 양단수가 되었다.

해답 14

흑❶이 양단수의 급소이다. 백은 양쪽이 단수가 되어 어느 한 쪽을 포기해야만 할 처지이다.

문 제 1 5

문 제 1 6

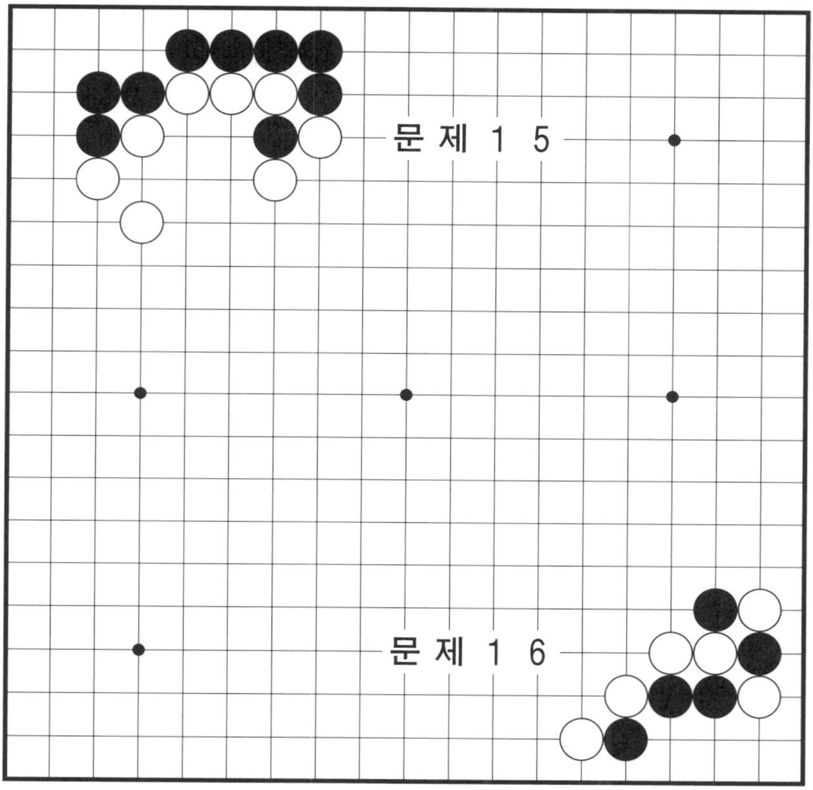

양단수의 요령

양단수가 되는 급소를 찾아서 백돌을 잡는 문제이다.

문제 16 통렬한 양단수

오른쪽에 있는 흑 한 점이 잡혔지만 양단수를 활용하면 더 큰 이득을 거둘 수 있다.

해답 15

해답 16

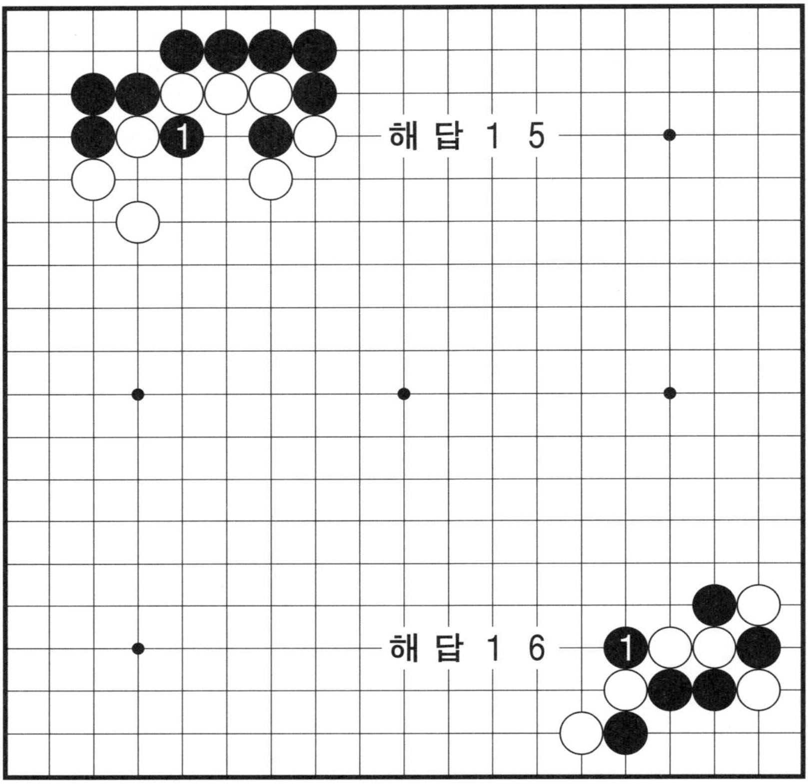

해답 15

흑❶이 양단수의 급소이다. 백은 한쪽을 포기해야만 할 상황이다.

해답 16

흑❶로 두는 수가 성립한다. 백은 양단수가 되어서 응수가 어려워졌다.

6. 축이란?

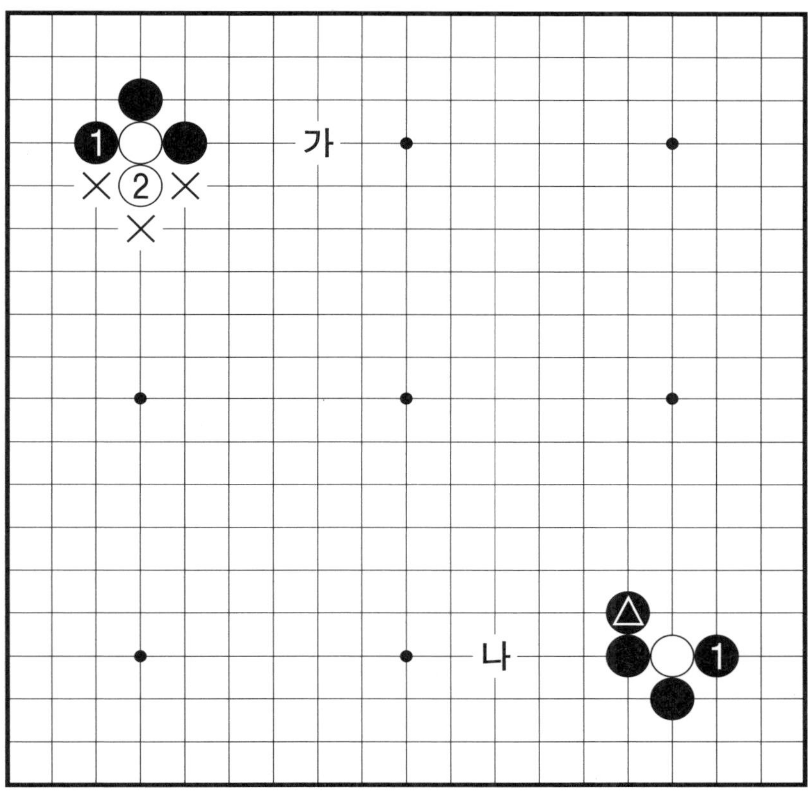

(그림 1) 축이란 무엇일까?

가 : 보통 흑❶처럼 단수하면 백은 ②로 달아날 수 있다. 이후 백 두 점은 ×로 표시한 3개의 활로를 갖고 있기 때문에 쉽게 잡힐 형태가 아니다.

나 : 그러나 흑▲처럼 응원군이 있는 경우라면 흑❶로 단수했을 때 백 한 점이 달아나기란 쉽지 않다. 이와 같은 형태의 단수를 가리켜 '축'이라고 한다.

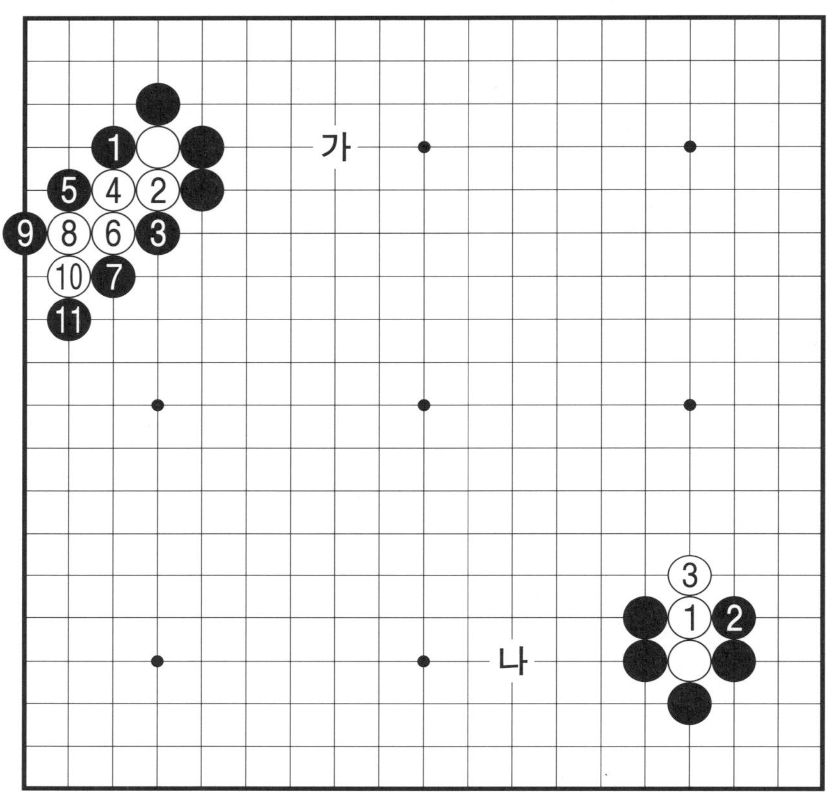

(그림 2) 축을 만드는 요령

가 : 흑❶로 단수했을 때 백②로 달아난다면 흑❸, ❺ 이하의 요령으로 계속해서 백을 단수로 유도할 수 있다. 흑⓫에 이르러 백이 잡힌 것을 알 수 있다. 축은 이처럼 상대의 돌을 계속해서 단수로 유도할 수 있는 형태를 말한다.

나 : 백① 때 흑이 ❷로 단수하는 것은 방향이 틀렸다. 백③으로 뻗는 순간 더 이상의 단수를 만들기가 어려워졌다.

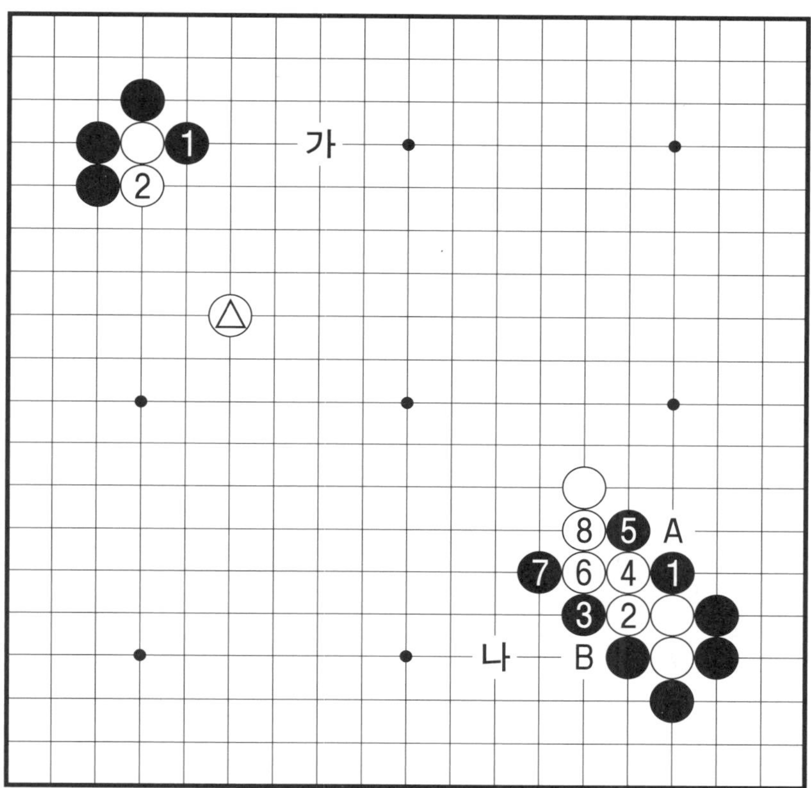

(그림 3) 축머리

가 : 흑❶로 축의 형태를 만들어도 백△처럼 상대의 돌이 대기하고 있는 상황이라면 백돌을 잡을 수는 없다. 백△와 같은 수를 바둑 용어로 '축머리'라고 부른다.

나 : 계속해서 흑이 ❶, ❸ 이하의 요령으로 축의 형태를 유도해 봐도 백⑧에 이르러 더 이상의 단수가 어려워졌다. 축을 진행시키다가 이처럼 상대를 잡지 못할 경우 A와 B 등 수많은 곳에 양단수를 노출시켜 흑이 불리해진다.

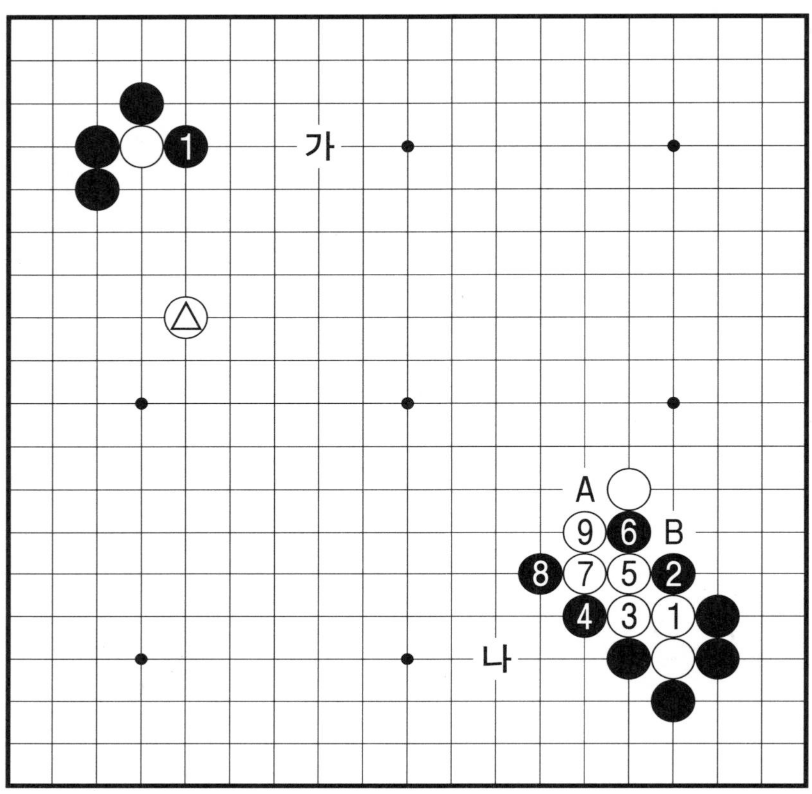

(그림 4) 축의 성립 여부

가 : 백◬가 대기하고 있는 경우에 축의 성립 여부는 어떻게 될까? 흑❶로 단수한 후 백이 달아날 수 있느냐 없느냐가 관건이다.

나 : 백은 ①로 달아날 수 있다. 이하 백⑨까지의 진행에서 보듯 흑이 더 이상 공격할 수 없기 때문이다. 이후 흑이 A에 둔다면 백은 B로 따낼 수 있다.

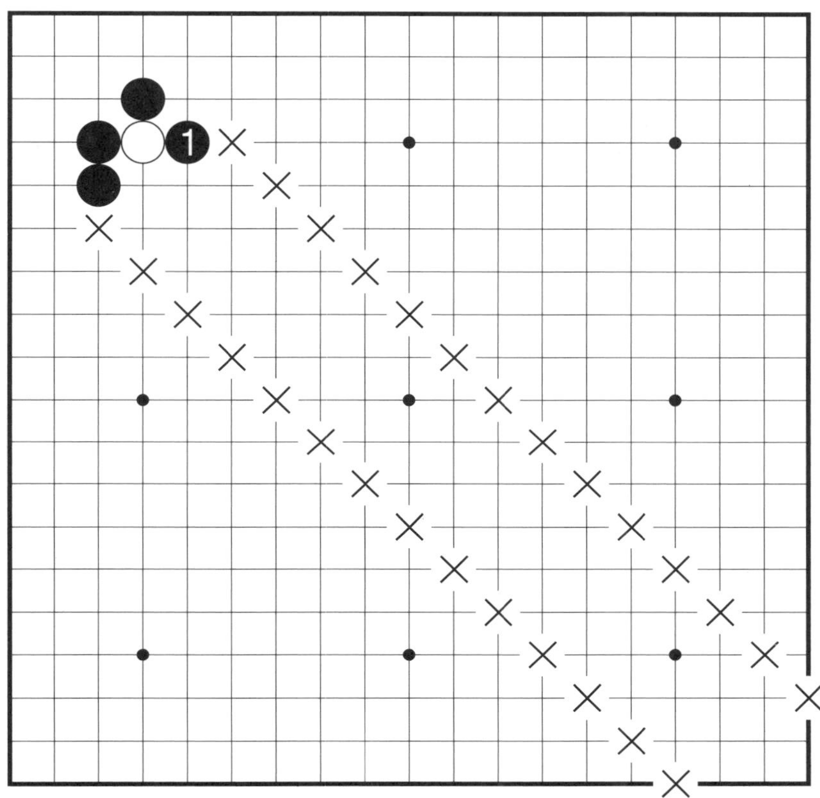

(그림 5) 축의 성립 조건

흑❶처럼 축의 형태를 만들었을 때 백이 살아갈 수 있는 방법은×로 표시한 곳을 포함해서 안쪽에 백돌이 있는 경우이다. 이 영역 안에 백돌이 없어야만 흑은 축이 성립한다.

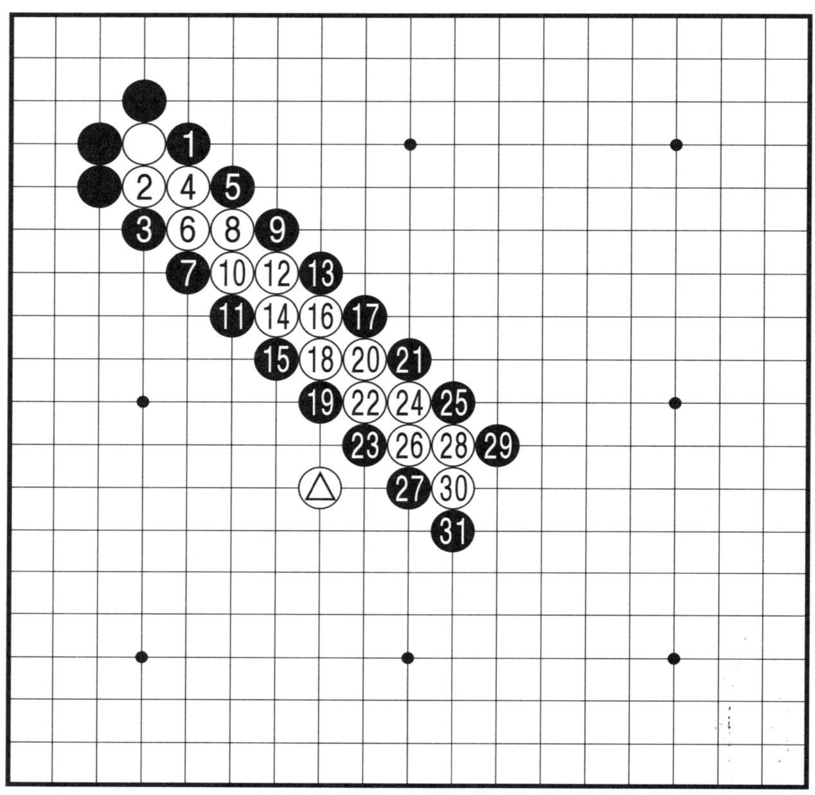

(그림 6) 성립하지 않는 축머리

백△처럼 영역 밖에 있는 돌은 축과 전혀 관련이 없다. 흑❶로 단수한 후 이하 흑㉛까지의 진행에서 보듯 여전히 축이 성립하기 때문이다.

문 제 1

문 제 2

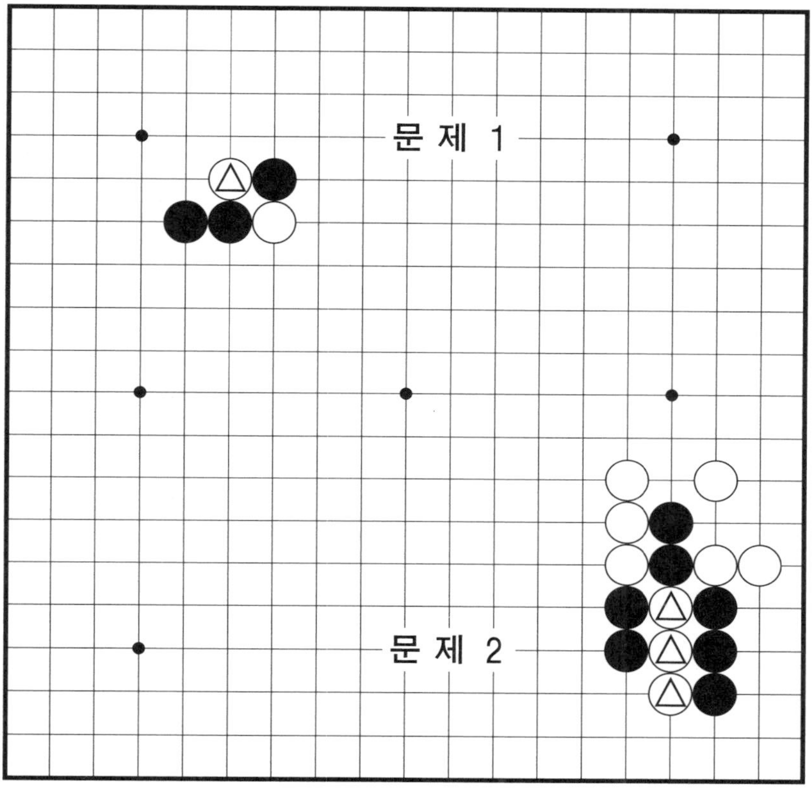

축으로 잡는 방법

백△ 한 점을 축으로 잡기 위해서는 어떻게 두어야 할까?

단수 방법

백△ 석 점을 축으로 잡는 문제이다. 흑은 어느 쪽으로 단수할 것인가가 매우 중요하다.

해답 1

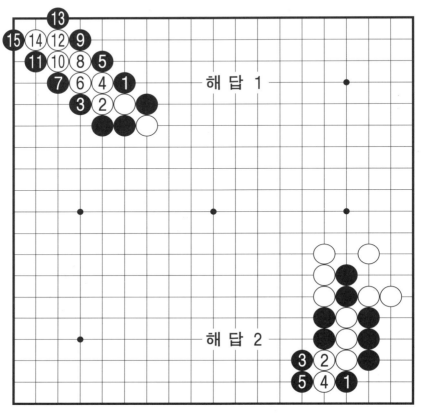

흑❶로 단수하면 백 한 점이 축이 된다. 백②로 달아나 보지만 흑⓯까지의 진행에서 보듯 모두 잡히고 만다.

해답 2

흑❶로 단수를 해야 백을 축으로 유도할 수 있다. 흑❺까지 백 죽음이다.

문제 3

문제 4

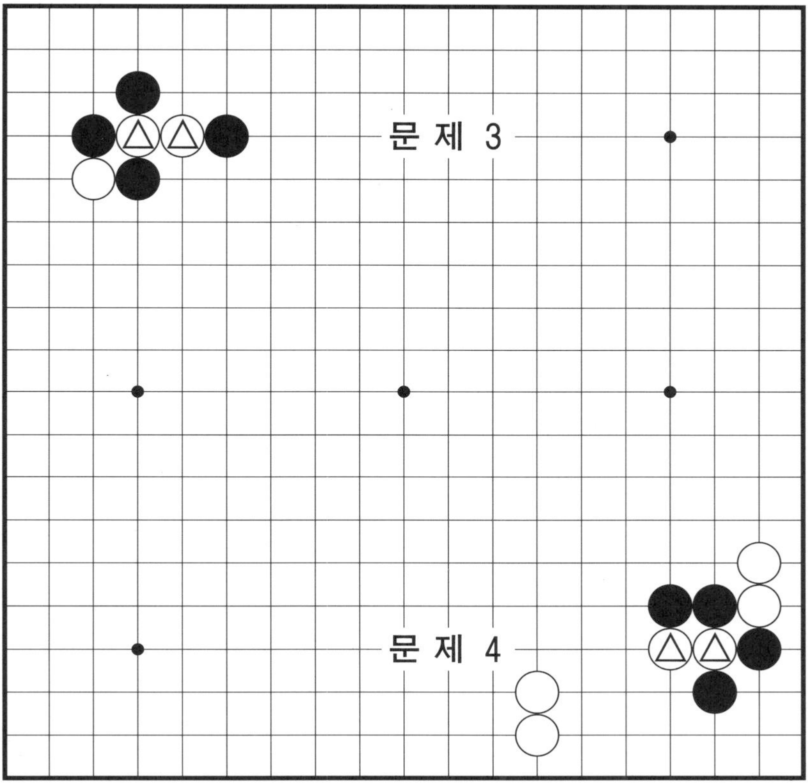

문제 3 단수의 방향이 중요

백◬ 두 점을 축으로 잡는 문제이다. 어느 쪽으로 단수하느냐가 매우 중요하다.

축의 성립 여부

백◬ 두 점을 축으로 잡기 위해서는 약간의 생각을 필요로 한다.

해답 3, 4

해답 3

해답 4

해답 3

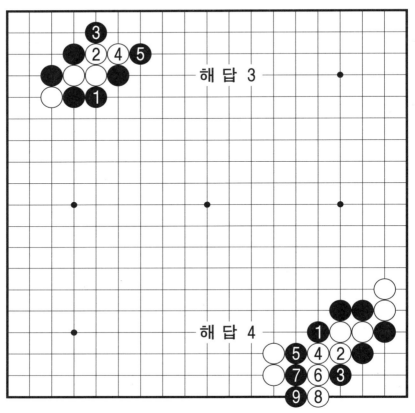

흑❶로 단수치는 것이 올바른 방향이다. 흑❺까지 백은 축을 모면할 수 없다.

해답 4

흑❶, ❸, ❺로 단수한 후 백⑥ 때 흑❼로 공격하는 것이 중요하다. 백⑧, 흑❾까지 백을 잡을 수 있다.

문 제 5

문 제 6

문제 5 축으로 유도

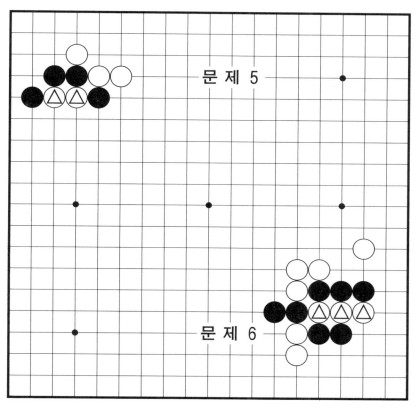

백△ 두 점을 축으로 잡는 문제이다. 백을 어느 쪽으로 몰아갈 것인지가 중요하다.

문제 6 공격 요령

백△ 석 점을 어떤 방법으로 공격할 것인지가 초점이다. 백을 축으로 유도하는 방법은?

해답 5

해답 6

해답 5

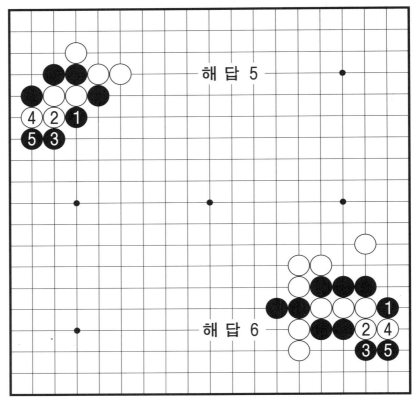

흑❶로 단수하는 것이 올바른 방향이다. 백②로 달아나도 흑❸, ❺로 공격하면 백을 축으로 유도할 수 있다.

해답 6

흑❶로 단수해야 한다. 백②로 달아난다면 흑❸, ❺로 공격해서 백을 축으로 잡을 수 있다.

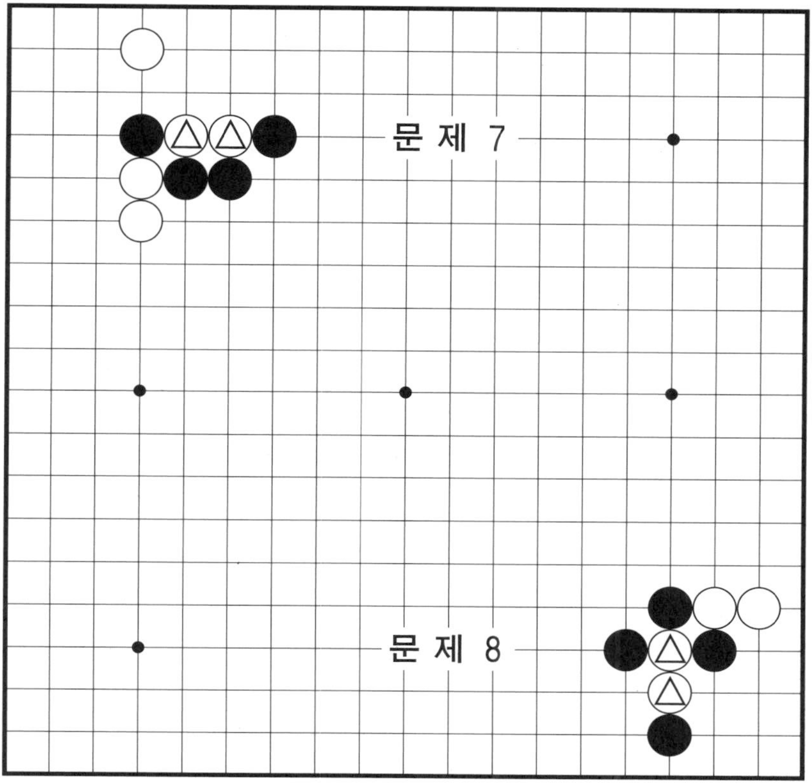

문제 7 백을 잡는 방법

백◬ 두 점을 잡고 싶다. 흑은 어떤 방법으로 백을 공격해야 할까?

문제 8 축으로 공격

백◬ 두 점을 축으로 공격하고 싶다. 흑은 단수의 방향이 매우 중요하다.

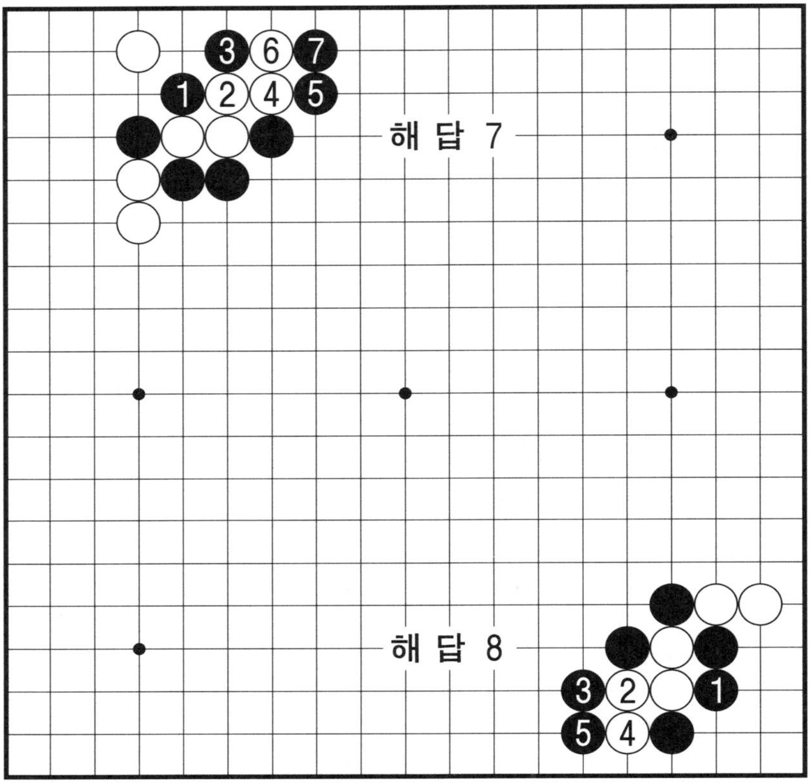

해답 7

흑❶로 단수하는 것이 중요하다. 백②로 달아난다면 흑❸으로 단수한 후 이하 ❼까지 백을 축으로 유도할 수 있다.

해답 8

흑❶로 단수치면 백 두 점을 축으로 유도할 수 있다. 흑❺까지 백은 더 이상 탈출이 어려운 모습이다.

문제 9

문제 10

문제 9 단수의 방향

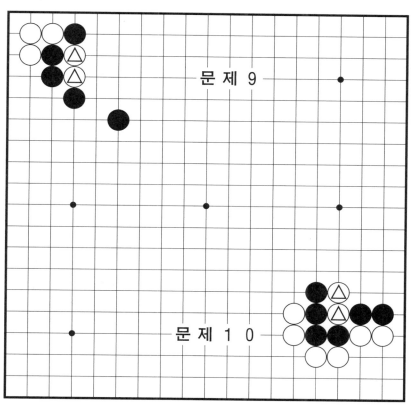

백◬ 두 점을 축으로 잡는 문제이다. 주위의 응원군을 최대한 활용하면 손쉽게 축으로 유도할 수 있다.

문제 10 축으로 공격

백◬ 두 점을 축으로 공격하고 싶다. 흑은 어떤 요령으로 공격해야 할까?

해답 9

해답 10

해답 9

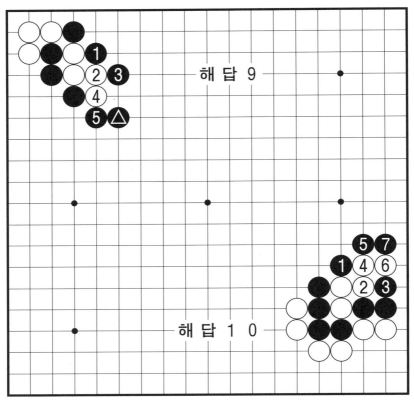

흑❶로 단수하는 것이 올바른 단수 방향이다. 백②로 달아나도 이하 흑❺까지 공격하면 흑▲의 응원군이 크게 작용한다.

해답 10

흑❶로 단수하는 것이 정답이다. 백②로 달아난다면 흑❸, ❺로 단수친 후 이하 ❼까지 백을 잡을 수 있다.

문제 11

문제 12

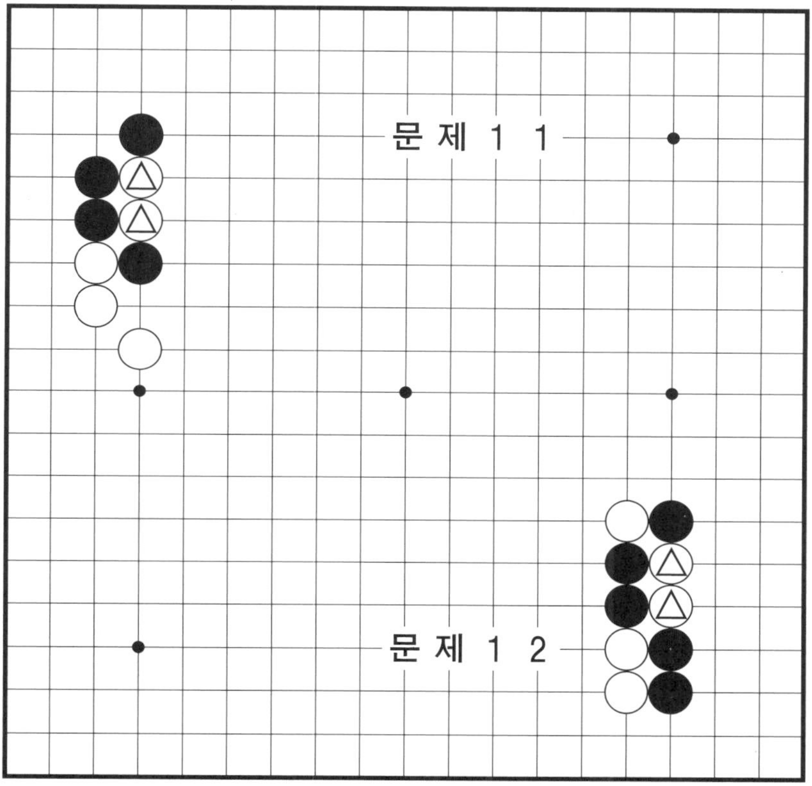

문제 11 잡는 방법

백△ 두 점을 잡고 싶다. 이 백돌을 잡기 위해서는 축으로 유도해야 한다.

문제 12 축으로 유도

백△ 두 점을 축으로 유도해서 잡을 수 있다. 어떻게 단수하는 것이 올바른 공격법일까?

해답 11

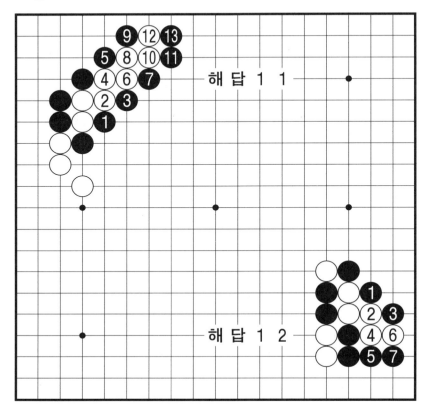

흑❶로 단수하는 것이 중요하다. 백②로 달아난다면 흑❸으로 단수한 후 이하 흑⓭까지 백을 축으로 유도할 수 있다.

해답 12

흑❶로 단수하는 것이 올바른 공격 방향이다. 백②에는 흑❸ 이하 ❼까지 백을 축으로 유도한다.

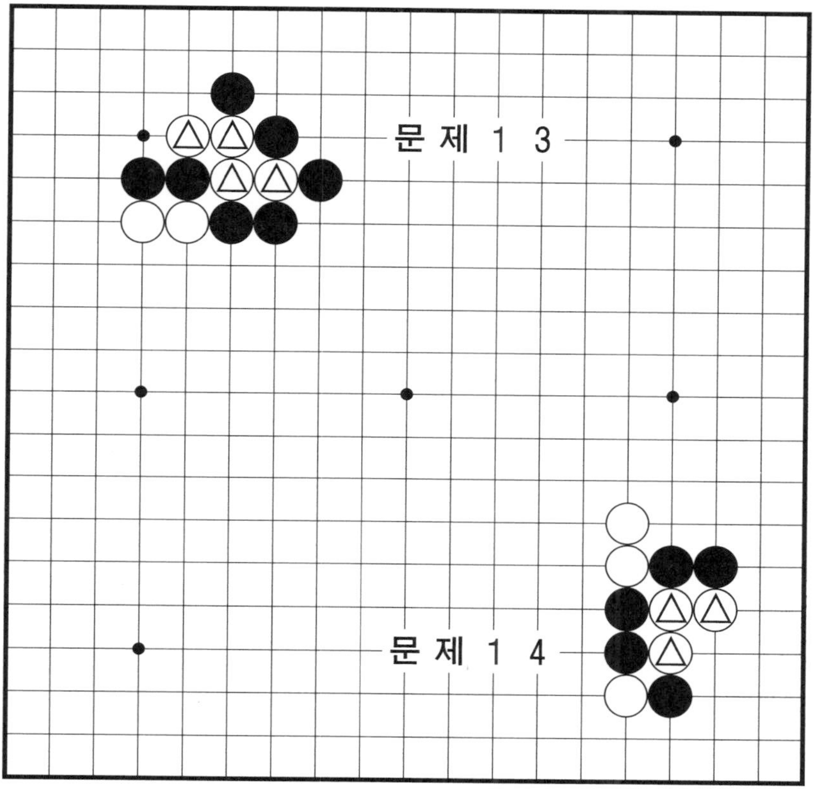

문제 1 3

문제 1 4

단수 방향은?

백△ 넉 점을 잡고 싶은데 올바른 단수 방향은?

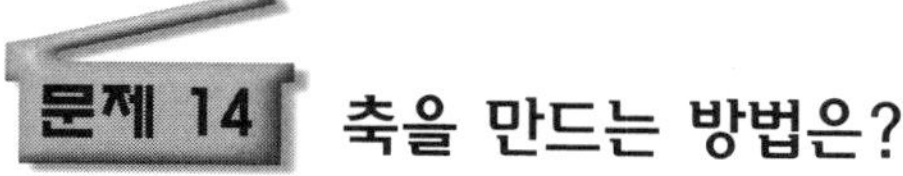

축을 만드는 방법은?

백△ 석 점을 축으로 잡는 방법은 무엇일까?

해답 13

해답 14

해답 13

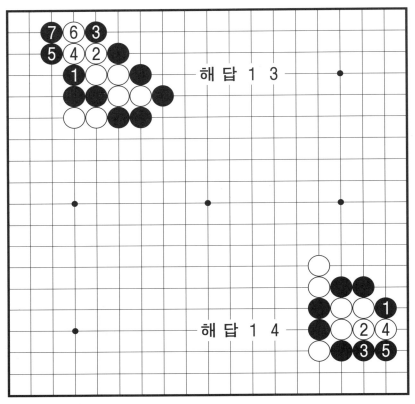

흑❶로 단수치면 백을 잡을 수 있다. 흑❼까지 백은 축이 된다.

해답 14

흑❶로 단수쳐야 축을 만들 수 있다. 흑❺까지 백이 잡혔다.